日本史の勉強法をはじめからていねいに

●責任監修 金谷俊一郎
漫画◎岡本圭一郎

登場人物紹介

糸矢満親

Mitsuchika Itoya

弓道部所属。成績トップの優等生で完璧主義者だが、重度の運動オンチ。密かに毎日筋トレをしている。言葉の間違いに敏感で、晴信に冷静なツッコミをいれることが多い。日本史は?「好きです」

金谷俊一郎先生

Syunichiro Kanaya

京都府生まれ。東進ハイスクール・東進衛星予備校のカリスマ日本史講師。過去25年分の全国入試問題データの“完全分析”に裏付けられた緻密な授業と、「表解板書」と呼ばれる独特の切り口の「表」を駆使した説明で、受験生から圧倒的な支持を受けている。また、難関大の入試問題を的中させる「的中王」でもある。(詳しいプロフィールはカバー折り返しを見てね)

【趣味】日本舞踊、歌舞伎・文楽鑑賞
【好きな映画・テレビ】自分の出ているすべての番組
【好きな言葉】自利とは利他を言ふ
【好きな本】『西国立志編』
【好きな音楽】清元(三味線の伴奏による浄瑠璃の一つ)
【好きな食べ物】美味しいものすべて

大谷しずか

Shizuka Otani

薙刀部所属。女子生徒たちのアイドル的存在で、親衛隊がいる。ハキハキした男勝りの性格で、一人暮らしをしているしっかり者。綾子の世話を焼くのが大好き。日本史は?「はっきり言って、あんまり好きじゃないし苦手」

進条綾子

Ayako Shinjo

茶道部所属。お菓子と読書と動物が好き。おっとりした優しい性格。片付けが大の苦手で、幼なじみの晴信からいつもからかわれている。日本史は?「好きなのですが、覚えたことをすぐ忘れてしまいます……」

東郷晴信

Harunobu Togo

近所の道場で小学生の頃から剣道を習っている。運動神経が良い。やんちゃで自由を愛する楽天家だが、実は思いやり深く、気遣いができる。綾子とは小学校からの幼なじみ。日本史は?「うーん、あんま得意じゃないなー」

CONTENTS

文久3年
日本を今一度
せんたくいたし申し候
勝海舟のもとで海軍塾塾頭を務める人物がひとり……

彼の名は
坂本龍馬
日本の未来を
切り拓いた
幕末の志士である
坂本 龍馬

日本を
せんたく・・・？
東郷《とうごう》 晴信《はるのぶ》
タタタ
図書室
あ…
見つけた

ハルくん！
ドン
今日は茶道部のお掃除手伝ってくれるっていうから待ってたのに…！
燃えるごみ
燃えるごみ
進条《しんじょう》 綾子《あやこ》
どうせ綾が食い散らかしたお菓子だろ？
ちっ…違うもん!!
ほら今日は日本史の公開授業行くから予習してたんだよ
予習って読んでるの漫画じゃや……
日本史漫画だから勉強と同じ！
坂本龍馬
ふーんあっ…
もうこんな時間しずかちゃん呼んでこなきゃ
じゃーオレはみっちー呼んで校門に集合な
ゴミ捨ててやっから
うん！

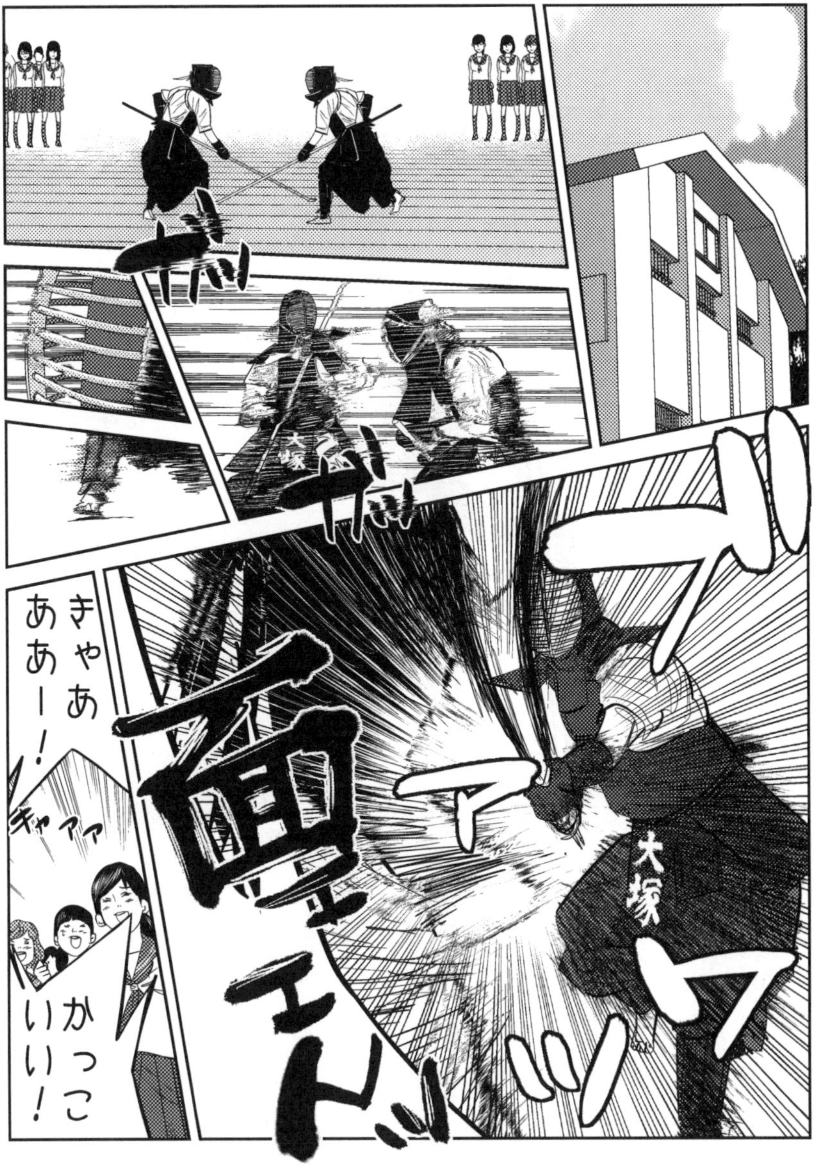

ガッ
ガッ
ズバァアアン
面エエ
きゃああー！
ギャアアア
かっこいい！

よし！
キャ
アー
アッ
大谷《おおたに》 しずか
じゃあ もう一試合 いこうか！
アァァ
アァ
し…しずかちゃん！
え？
す…すいません
綾！
どーしたの？

今日っ・・・・！
東進ハイスクール
金谷 俊一郎先生の
公開授業！！
あっ・・・・
やばっ
忘れてた
じゃー今日はこれで！
ばいばい
えーっ
キリ

糸矢《いとや》 満親《みつちか》
ヒュッ
コッ
すっげ！
さすがだな
みっちーー！
バッ
運動しんけーにぶいくせにー
ムカッ
ハル
何しに来た

呼びにきてやったんだよ東進の公開授業忘れてたろ
みっちゅん
みっちゅんとかやめろ
それに忘れてない
オレの中では時間通りだ
ハルがあそこの矢を回収してくれたらな
その間に着替えろ
「情けは人の為ならず」自分で回収しな
ピク
それは違う!
「情けは人の為ならず」は人に対して情けをかけておけば
巡り巡って自分に良い報いが返ってくるという意味だ
今のように人の為にならないという意味では使わない
へ……へ~
クドクド
ちなみに曽我物語や太平記にもこの諺は使われていて……
だー
矢は回収すっから早く着替えろよ!

東進ハイスクール
本館
受付
受付
金谷先生の特別公開授業!!

ワイ
ワイ
ワイ
ワイ
ワイ
ワイ
ワイ
そもそも日本史に勉強法なんてあるのかねー
とにかく教科書をひたすら暗記すればいーんだろ?
それはどうだかなそう言ってるヤツはよくいるけど
………
ここにきて言うのもなんだけどさ
でも日本史って覚えることが多すぎて
誰がいつ何をしたとか頭の中がゴチャゴチャになっちゃう…

分厚い丸眼鏡のせいで昔から整理整頓が苦手だよな綾は
め……眼鏡関係ない！
睡眠学習しかしてない晴信には言われたくないよねー
グイ
いつも寝てるわけじゃねーよなみっちー
何か言い返してくれっ
グイ
パタン
漫画で読む日本史
痴話ゲンカにまきこむなそれに——
金谷俊一郎先生がいらっしゃいました！
もう授業開始だ

第一講

なぜ日本史を学ぶのか

受験生のみなさんこんにちは日本史の金谷です
金谷俊一郎です

今日はどうしたら日本史ができるようになるのかその方法をお話ししたいと思います
最後まで頑張って聞いてくださいね
ポンッ
さてみなさんは日本史の教科書を持っていると思います
日本史
Ⓑ
トンッ

この……
教科書の索引ページの用語を
すべて暗記できますか？
用語集―江戸時代―
参勤交代(さんきんこうたい)
各藩の藩主を定期的に江戸に出仕させる江戸幕府の法令のことである。
イヤ…多分無理です
覚えなきゃいけないんだろーけど……
そうですね難しいと思います
でも

大学受験を
目指す場合
これを覚える
だけじゃ
全然
足りない
のです
!?
講義を
始める前に
みなさんに
お伝えしたい
ことがあります
詳説
日本史

大学受験の日本史は
丸暗記ではまったく通用しないのです！
詳説
日本史
B
ザワ
え…
日本史って暗記科目じゃないの……？
ところでみなさんの中には高校受験を経験された方が多いと思います
コク
コク
コク

推薦入学
む
──では
高校受験のとき
どのように
歴史を勉強して
いましたか？
教科書で
大事な所に
マーカーを
ひいて
一生懸命
勉強して
いました
漫画
ばっかり
読んでた
気が…
隣の
あなたは
どう？
えっと…
教科書や塾の
テキストを
覚えてから
問題集を
解いてました
じゃあ今は
どうやって
日本史を
勉強して
いますか？

昔と一緒…かな
そういう人が多いかもしれません
でも高校受験と同じ勉強方法を続けていては
大学受験突破できないんです
高校受験と大学受験では大きな違いが2つあります
何かわかりますか？
高校受験は地域ごとの競争ですが大学受験は全国規模での競争になることでしょうか
○○市
○○高校
○○大学

もちろんそれもありますが
もっと大きく違う所があるんです
1つ目は大学受験は文系と理系に分かれること
文系
理系
2つ目は選択科目が出てくること
私は日本史
選択科目
僕は世界史
それと丸暗記がダメなことと何が関係あるのかな……？
高校受験までは教科書をただ覚えるというような丸暗記の勉強でもなんとかなった人が多いと思います
でもそれは義務教育の範囲内だから通用したのです
暗記暗記

義務教育とは
簡単にいうと
「国民が最低限
知っておくべき
基本的な知識」
のこと
義務教育9年間
つまり
中学までの勉強は
社会に出て行くうえで
必要となる
基礎的な教養を
身につけることが
目的なので
「誰でも頭に入る
内容と分量」に
なってるんです
なので
丸暗記できますし
それで高得点も
とれちゃうんです
でも
これから挑む
大学受験は
文系・理系に分かれて
覚える内容も
膨大になりますし
コレ！
選択科目が登場して
自分が興味のある
分野を自分で選んで
より専門的な内容を
学べるように
なります
ズラッ
日本史
世界史
化学
倫理
生物
物理
地学

つまり大学受験の日本史は
丸暗記で通用する内容と分量ではないんです
中学までは丸暗記が得意で優等生だった人が
高校の勉強にはついていけずに落ちこぼれてしまう理由はズバリここにあるのです
前は勉強できてたのに!!
全然わからない
でも丸暗記がダメなら
どうやって勉強するの?
きっとみなさんの中にも日本史が苦手で成績が上がらない
覚えることが多すぎて頭に入らないと悩んでいらっしゃる方が多いと思います

でも大丈夫
今日お伝えする「勉強法」を実践すれば
みなさんの日本史の力は必ず格段に上がります！

先程 教科書の索引の用語をすべて暗記することは難しいってお話ししましたけど
高校１・２年生が索引の中の用語を１０００個でも２０００個でも今から暗記して入試まで覚えていられると思いますか？
難しいと思います
オレには…
私も…
そうですよね
だからといって入試直前に覚えても間に合いません

お話ししたように大学受験は範囲が広く分量が多いですから
——つまり
今からやっても覚えていられないし
直前にやっても間に合わない
じゃあどうすればいいのか
勘!?
やはり最後は・・・
違うわ
ではみなさんにお配りしたプリントの左側を見ていただけますでしょうか？

■開国後の貿易■

①輸出品：**生糸・茶・蚕卵紙・海産物**（農水産物やその加工品）

　輸入品：毛織物・綿織物・鉄砲・艦船（繊維製品や軍需品）

②**輸出超過**であった

③1860年　**五品《ごひん》江《え》戸《ど》廻送令《かいそうれい》**

A物価抑制を理由に貿易の統制をはかった

B**雑穀・水油・ろう・呉服・生糸**は、江戸の問屋をへて輸出する

　よう命じた（水油とは灯火用の菜種油のこと）

C在郷商人や列国の反対で効果はあがらなかった

　列国は商取引の自由を主張した

お伝えしたいのは1つだけ③の五品江戸廻送令のBを見てください
私はいつも授業でこの5つの品物に「茶」は入りませんと説明しています
茶は入らない……？
ってか五品江戸廻送令ってなんだ……？
ではプリントを裏返して練習問題を解いてください
いいですか「茶」は入りませんよ

■練習問題■

問1. 五品江戸廻送令の品物の組み合わせを選べ。

①米・水油・生糸・茶・ろう
②雑穀・呉服・水油・ろう・生糸
③米・酒・呉服・茶・生糸
④酒・水油・茶・ろう・木綿

問2. 五品江戸廻送令の対象となった商品としてふさわしくないものを、次から選べ。

①ろう　②水油　③雑穀　④茶

問3. 五品江戸廻送令により、江戸廻送が義務付けられた品目でないものはどれか。

①生糸　②呉服　③茶　④ろう

問4. 五品江戸廻送令の五品とは次のうちどれか。

①雑穀・水油・ろう・呉服・生糸
②雑穀・水油・茶・呉服・生糸
③雑穀・水油・ろう・昆布・生糸
④雑穀・水油・茶・蚕卵紙・生糸
⑤雑穀・ろう・呉服・蚕卵紙・生糸
⑥雑穀・ろう・茶・呉服・生糸

問5. 1860年、幕府は五品江戸廻送令を出し、雑穀・水油・ろう・(　　)・生糸の5品は産地から江戸の問屋を経由して輸出するように命じたが、列国の反対などで効果はあがらなかった。
①茶　②俵物　③呉服

どうでしょうか？
問1から問3は
「お茶が入らない」
ってことを
頭にいれるだけで
簡単に
解けたんじゃ
ないですか

■練習問題■

問1.五品江戸廻送令の品物の組み合わせを選べ。

①米・水油・生糸・茶・ろう
②雑穀・呉服・水油・ろう・生糸
③米・酒・呉服・茶・生糸
④酒・水油・茶・ろう・木綿

問2.五品江戸廻送令の対象となった商品としてふさわしくないものを、次から選べ。

①ろう　②水油　③雑穀　④茶

問3.五品江戸廻送令により、江戸廻送が義務付けられた品目でないものはどれか。

①生糸　②呉服　③茶　④ろう

問4.五品江戸廻送令の五品とは次のうちどれか。

①雑穀・水油・ろう・呉服・生糸
②雑穀・水油・茶・呉服・生糸
③雑穀・水油・ろう・昆布・生糸
④雑穀・水油・茶・蚕卵紙・生糸
⑤雑穀・ろう・呉服・蚕卵紙・生糸
⑥雑穀・ろう・茶・呉服・生糸

問4は
①・③・⑤に
問5は
②・③に
しぼれます

問5.1860年、幕府は五品江戸廻送令を出し、雑穀・水油・ろう・（　　）・生糸の５品は産地から江戸の問屋を経由して輸出するように命じたが、列国の反対などで効果はあがらなかった。

①茶　②俵物　③呉服

「お茶が入らない」っていう情報だけである程度問題が解ける
これはテクニックのように思うかもしれませんがそうではありません実はきちんとした「理屈」があるのです

そもそも五品江戸廻送令とは――
貿易統制つまり勝手に輸出できないように「統制」したのだ
五品江戸廻送令
江戸幕府が
雑穀・水油・ろう・呉服・生糸の
五品を対象に行った貿易統制
雑穀
水油
ろう
呉服
生糸

①輸出品:
生糸・茶・蚕卵紙・海産物
1位
2位
当時の輸出品 第1位は生糸 第2位は お茶でした
当時の日本は 外国にいっぱい お茶を輸出してた んですね
江戸時代の 開国したばかりの頃 日本は輸出が すごく多かったんです
なぜなら 当時の日本は まだまだ発展途上国で 品物の物価が 安かったんです
たとえば 当時日本の生糸の価格は 外国の5分の1くらいでした しかも日本製品は高品質なので 外国に品物がたくさん 売れたんです

でも
外国に品物が売れすぎちゃうと日本で何が起こると思いますか?
品不足と
それに伴う物価の高騰でしょうか
うんうん そのとおり!
国内で品不足が起こると国内の物価が上がるのです
ガーン
品不足
高騰
みっちーすげー
さすがガリ勉!
おお!

では物価が上がるとどうなります？
買う物が高くなっちゃうから生活が苦しくなると思います
そうですね そして生活が苦しくなると人々はその原因を考えますよね
あなたが江戸時代の人だったらどう思います？
外国人が日本の商品をどんどん買い占めるせいだって……
元祖爆買いだな
そうですよね だから外国を追い出そうっていう発想が出てきて・・・
その延長で幕末には*攘夷運動が起こるのです

＊日本の幕末期に広まった考え。外国人を排斥しようとする運動。

さて開国後の日本の輸出品第1位は生糸でしたね
だから五品江戸廻送令に生糸は入っています
①輸出品 生糸・茶・蚕卵紙・海産物
2位
1位
『五品江戸廻送令』
雑穀・水油・ろう・呉服・生糸
でも輸出品第2位の茶は輸出統制の五品に入っていませんよね？
だからこれが入試問題として出題されるんです
お茶は輸出の2位だから輸出統制されるはずだって勘違いして間違える子が多いんですね
どうしてお茶は輸出統制されなかったのかな……
実はお茶が入らない理由があるんです
五品江戸廻送令の五品は次の3つのカテゴリーに分けられます

雑穀
江戸時代は
雑穀が主食でした
現代の私たちが
主食にしている白米は
当時貨幣の代わりでした
食

水油・ろう
江戸時代は電気がないので
明かりをとるために
水油とろうを
使っていました
住

呉服・生糸
当時の衣服は呉服[*1]から
つくられていました
生糸[*2]は絹（シルク）の原料で
現代では高級品の
イメージですが
当時は今でいう
ナイロンのように
ふつうによく使われる
繊維でした
衣

＊１和服用の織物の総称。反物（大人用の着物などを一着分仕立てるのに必要な長さを持つ布地）。特に、絹織物を指す。
＊２蚕の繭からとった糸。

衣食住
つまり五品江戸廻送令の五品は
衣食住に関わる「生活必需品」なのです
生活必需品の物価が上がると庶民の生活が大打撃を受けてしまいます
だからこれ以上物価が上がらないように貿易統制をしたんですね

①輸出品:生糸・茶・蚕卵紙・海産物
じゃあ輸出第2位のお茶はどうでしょう?
あなたはもし喉が渇いているときにお茶がなかったらどうします?
…お水を飲みます
そうそう喉が渇いたらお水を飲めばいいんです
つまりお茶は生活必需品じゃなくて「嗜好品」なんですね
だから輸出統制されなかったのです

問4.五品江戸廻送令の五品とは次のうちどれか。

①雑穀・水油・ろう・呉服・生糸

②雑穀・水油・~~米~~・呉服・生糸

③雑穀・水油・ろう・昆布・生糸

④雑穀・水油・~~米~~・蚕卵紙・生糸

⑤雑穀・ろう・呉服・蚕卵紙・生糸

⑥雑穀・ろう・~~米~~・呉服・生糸

ではここで先程の問題に戻りましょう
③の昆布
お鍋がしたい！でも昆布がない！どうしたらいいと思います？
ううーー!!
我慢したら
いいんです！

お鍋に昆布がなくたってまあ食べられなくはないでしょう？
だから生活必需品ではありませんってこと
そして⑤の蚕卵紙《さんらんし》これは蚕《かいこ》の卵が産みつけられた厚手の紙のこと
これも生活必需品じゃありません
消去法で①が正解とわかりますね
問4.五品江戸廻送令の五品とは次のうちどれか。
①雑穀・水油・ろう・呉服・生糸
②雑穀・水油・茶・呉服・生糸
③雑穀・水油・ろう・昆布・生糸
④雑穀・水油・茶・蚕卵紙・生糸
⑤雑穀・ろう・呉服・蚕卵紙・生糸
⑥雑穀・ろう・茶・呉服・生糸

問5.1860年、幕府は五品江戸廻送令を出し、雑穀・水油・ろう・(　　)・生糸の5品は産地から江戸の問屋を経由して輸出するように命じたが、列国の反対などで効果はあがらなかった。

①茶　②俵物　③呉服

じゃあ最後問5
②の俵物*ってなんだかわかります?
「いりこ」「ほしあわび」「ふかのひれ」のことなんです
バタ
私あわびを毎日食べなければ死んでしまうんです!
っていう人はいませんよね
バタ
バタ
ここにいます
そんなわけあるか
つまり生活必需品ではないから正解は③

問5.1860年、幕府は五品江戸廻送令を出し、雑穀・水油・ろう・(　　)・生糸の5品は産地から江戸の問屋を経由して輸出するように命じたが、列国の反対などで効果はあがらなかった。

①茶　②俵物　**③呉服**

＊ 煎海鼠(いりこ)はナマコの腸を除いてゆでて干したもの。干鮑(ほしあわび)はアワビを干したもの。鱶の鰭(ふかのひれ)はサメのひれを乾燥させた食材。

このように五品が生活必需品とわかっていればたとえ五品を丸暗記していなくても
簡単に正解を導きだせるでしょう?つまり――
日本史の学習で最も大切なことは
「理屈」をしっかり理解することなんです

歴史上の出来事は当時のエラい人たちが一生懸命考えて決めたことですから
そこには必ず理屈があるんです
五品をゴロで丸暗記するような勉強法は高校受験までででおしまいにしてくださいね
最初にお話ししたように教科書の索引の用語をすべて暗記することは難しいですし
もう忘れた
今の時点で用語を100個200個暗記しても入試まで覚えていられないかもしれません
でもそれは「丸暗記」だからできないんですたとえばみなさんもテストの前に一夜漬けとかで丸暗記した内容を
あっという間に忘れてしまったという経験がありませんか？
いつもです
それはもうすっかり！
コラ

丸暗記では覚えられない膨大な情報量でも理屈を理解できれば自然と頭に入ってくるものです
そして理屈とともに覚えた知識は強い記憶となり忘れません
ですから理屈はできるだけ早い段階から理解した方がいいんです
みなさんはぜひ今日からどんどん身につけてくださいね
ちなみに教科書の勉強も同じです教科書だけで勉強していても知識として頭には残りません
教科書はただのレジュメにすぎません
レジュメ……?

教科書には歴史の事実が淡々と記載されていますよね
まぁ確かに人物の気持ちとかは書いてないよなー
教科書は史実を簡潔に書いているだけです
その教科書だけではわからない理屈や先人が紡いだ歴史の息吹をみなさんに伝えるのは
教壇に立つ私たち講師の役割なのです
「教科書」と「講師の解説」
この2つがそろってはじめて日本史を理解できるのです

そしてみなさんが日本史を勉強するときに意識してほしいことがあります
それは当時の人の立場に立って「どうしてその出来事が起こったのか」を自分で考えながら先生の説明を聞くことです
高校は大学で学問研究をするために必要な基礎的な教養を身につける場です
ですから「テストで良い点をとる」という気持ちではなく
「知の探求をする」という意識を持って勉強に取り組んでください
そうすれば自ずとテストで良い点がとれるのです
知の探求
みなさんが日本史を選択した理由は様々でしょう
大学入試で必要だという人もいれば

日本史が好きだからという人もいるでしょう
理由はなんでもかまいません
でもせっかく日本史を選択したのですからただの受験ツールにはしてほしくないのです
みなさんはこれから大学受験大学生活を経て社会で活躍されると思います
長い人生においては困難や試練に立ち向かわなければならないときもあるでしょう
そんなとき日本をつくった先人たちの姿を思い出してほしいのです

彼らも各々が生きた時代の中で困難に直面し
その中で人生を賭して決断を下し偉大な業績を残してきました
そしてときには大きな失敗もしてきました
私たちは日本史を通して先人たちの良い決断は教訓に悪い決断は反面教師として心に刻み込み
自分の人生の糧とすることができるのです
日本史は
先人たちの決断の蓄積なのです

こんなふうに考えると日本史をもっと深く学んでみたくなりませんか？
では次は日本史の力を伸ばすための具体的な勉強法をお話ししましょう
東進ハイスクール
本館

なぜ日本史を学ぶのか？

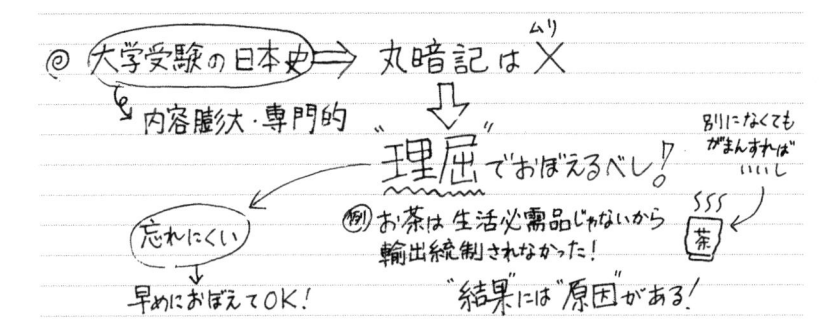

◎ 大学受験の日本史 ⇒ 丸暗記は×《ムリ》

→ 内容膨大・専門的

⇩

"理屈"でおぼえるべし！

→ 忘れにくい

→ 早めにおぼえてOK！

例 お茶は生活必需品じゃないから
輸出統制されなかった！

別になくても
がまんすれば
いいし

"結果"には"原因"がある！

◎ 教科書＝ただのレジュメ →「講師《せんせー》の解説」がないとダメ

レジュメって何？

なるほど！
さすがみっちー

「どうして？」「なぜ」を
いつも自分で考える！

→ これが
知の探求！

☆ 日本史は先人《せんじん》たちの決断の蓄積だ！

→ 人生の師しょう？
（反面教師？）

文化祭は偉人のコスプレに決定!!

第一講
日本史の勉強法

十万石では不忠者にならぬが
一国では不忠者になるとお思いか
（真田幸村）

ところでみなさんにお聞きしますが
お部屋は綺麗に片づいていますか？
え？
部屋？
あなたのお部屋はどうですか？
えっと…あんまり片づいてないです
マンガとお菓子が散乱中だよな
お菓子は散乱してない……！

実は日本史ができるようになる秘訣は
お部屋の片づけと関係があるのです
部屋の――
片づけ!?
ズーーン

たとえば2つのお部屋があるとしましょう
1つは本やら何やらが散乱して散らかっているお部屋
もう1つは本も何もかも綺麗に整理整頓されているお部屋です
この2つのお部屋のどちらにも1冊のテキストがあるとしたら
どちらの人の方が早く探し出せると思いますか？

整理整頓
された部屋に
いる人です
そう
ですよね
まるで綾子と
みっちーの
部屋だな
散らかっている
お部屋だと
どこに何があるのか
わからない状態なので
必要なものをすぐに
探し出すことが
できませんが
自分で
整理整頓した
お部屋であれば
どこに何があるか
すぐにわかります

実は頭の中も同じなのです
みなさんの中にも日本史の用語を必死に覚えても
試験で全然点数が上がらないっていう人がいらっしゃると思います
私です…

古墳
金印
縄文時代
稲作
貝塚
倭
それはいくら知識をたくさんつめ込んでも頭の中が散らかっている状態だからです
ですから必要な知識をすぐに取り出すことができず問題が解けないのです
つまり日本史の学習において大切なことは
縄文時代
頭の中に一つ一つの事柄が整理されて入っていること
そしてそれがいつでも取り出せる状態になっていることなのです！

どうすれば頭の中を整理できるのかな……
日本史の勉強をするうえでは2段階の作業が必要となります
まず第一段階は土台作り
これは歴史の大まかな流れを理解する作業です
大まかな流れ・・・？

たとえばみなさんが映画やドラマを集中して見たときのことを思い出してください
好きな映画やドラマであれば何ヶ月か何年か経ったあとに細かいセリフは覚えていなくても大まかなストーリーは思い出せますよね
真剣!!
〜でね
そしたら〜
日本史もまずは大まかな流れをつかむことが大切なのです
そういうことかぁ
たしかに海外ドラマのストーリーはだいたい覚えてるな…

そして第二段階は
細かい知識をつめていく作業です
大まかな流れを理解できたらそれに基づいて人物や重要事項についての細かい知識をどんどん頭にいれていくのです
細かい知識は土台ができていないと頭に入りませんからね
では第一段階の土台作りの方法からお話ししましょう
ここで登場するのが頭の中を整理する「棚」です！

飛鳥時代（6世紀）
前期
中期
後期
棚はみなさんの頭の中を整理する「時代の枠組み」になります
では一例として飛鳥時代の棚をつくってみましょう
飛鳥時代は6世紀から7世紀までですがその前半の6世紀は「前期」「中期」「後期」の3つに分けることができます
この「時代区分」を一番左の一列にいれていきます
次に棚の一番上の行を埋めていきますがここには当時の重要事項が入ります
飛鳥時代で大切な事柄って何かわかりますか
蘇我氏の権力争いでしょうか

素晴らしい！
6世紀は大伴氏・物部氏蘇我氏が権力争いをしていた時代なんです
ゴゴゴゴ

飛鳥時代(6世紀)
重要事項 / 時代区分
天皇
権力者
政治
外交など
前期
中期
後期
棚の一番上の行には各時代の重要事項をいれるので
飛鳥時代でしたら大きく分けて4つ「天皇」「権力者」「政治」「外交など」といれます
これで棚の枠組みは完成です

左の列の上から順に時代区分その右側に各時代の重要事項をいれていくんだな
でも自分1人じゃ棚の枠組みがつくれないかも
今の時点では時代の区切り方や重要事項がわからなくても大丈夫です
ただみなさんがこれから日本史を学んだときに頭の中がきちんと整理できるようにここで棚のつくり方をしっかり覚えてくださいね
では実際に6世紀の飛鳥時代の前期に起きた出来事を簡単に見てみましょう

飛鳥時代（6世紀）

時代区分＼重要事項	天皇	権力者	政治	外交など
前期				

6世紀初頭
*1武烈《ぶれつ》天皇が死亡
ひーー！後継者いないのに
ひえーー!!
そこに登場した大伴金村《おおとものかなむら》が
天皇の遠い親戚である継体《けいたい》天皇を*2越前から連れてきて天皇にする（①）
天皇になってくださいよ
う…うん
ヒョオオ
こうして大伴金村が絶大な権力を持つようになり——（②）
オレ様が天皇断絶の危機を救った大伴だぜ

＊1飛鳥時代の前、古墳時代の第25代天皇。
＊2今の福井県。

512年になると大伴金村は日本の領土とされていた任那四県《みまなよんけん》を賄賂《わいろ》とひきかえに朝鮮の百済にあげてしまう（③）
フフフ…
賄賂くれたし領土あげちゃうよ～
任那四県
やった!!
わいろ
さて527年九州の大豪族筑紫国造《つくしのくにのみやつこ》の磐井《いわい》が*朝鮮の新羅《しらぎ》にそそのかされて（④）
やっちゃえ
大伴調子のりすぎ
つぶしちゃいましょ
ア!
いわい
ヤマト政権
ガァア
ヤマト政権に反乱を起こす
でも、失敗
軍事力のすごい物部ですよ
ドーン
そしてこの磐井の乱を制圧したのが物部《もののべ》氏だった
くやしー!!
いわい

飛鳥時代（6世紀）

重要事項 時代区分	天皇	権力者	政治	外交など
前期	①継体	②大伴金村	②大伴金村の台頭 ④527年磐井の乱	③512年任那四県を百済に割譲

＊ 当時、新羅は朝鮮半島南部にある加耶《かや》（加羅《から》）という地域を手にいれるため侵略行為をしていたが、それを、朝鮮半島南部に権限を持つヤマト政権に邪魔されていた。

このように学んだことを棚に整理して各時代の流れを理解するのです
飛鳥時代
土台作りの段階では講義を受けたり参考書を読んだりして各時代の棚をつくり歴史の大まかな流れを理解することが大切です
これはできるだけ高校1・2年生の早い時期に終わらせましょう
後期
でもこの棚の知識だけじゃ入試問題は解けないよな…
歴史の流れを理解し棚を各時代でつくれるようになったら次は第二段階
細かい知識をつめる作業に移ります

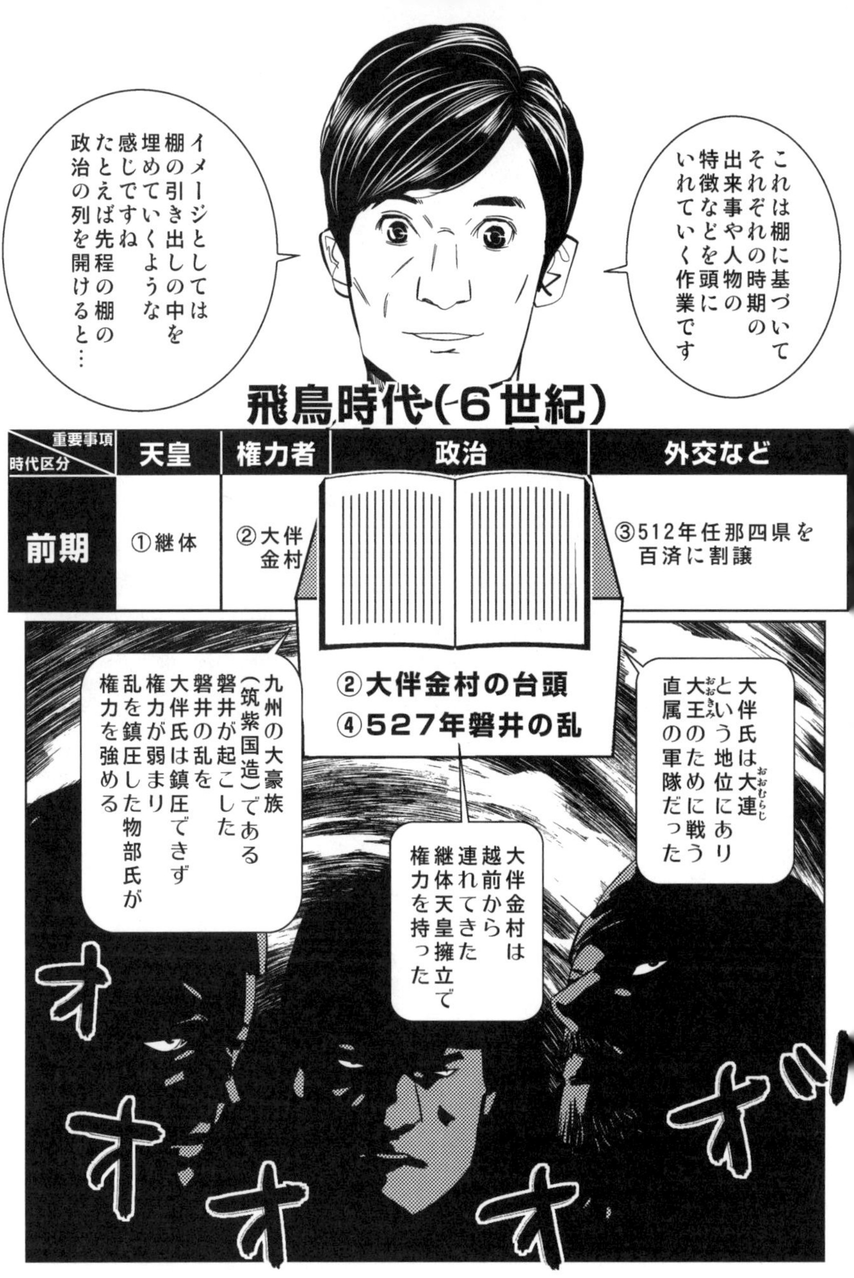

これは棚に基づいてそれぞれの時期の出来事や人物の特徴などを頭にいれていく作業です
イメージとしては棚の引き出しの中を埋めていくような感じですねたとえば先程の棚の政治の列を開けると…
飛鳥時代（6世紀）
重要事項
時代区分
天皇
権力者
政治
外交など
前期
①継体
②大伴金村
③512年任那四県を百済に割譲
大伴氏は大連《おおむらじ》という地位にあり大王《おおきみ》のために戦う直属の軍隊だった
②大伴金村の台頭
④527年磐井の乱
大伴金村は越前から連れてきた継体天皇擁立で権力を持った
九州の大豪族（筑紫国造）である磐井が起こした磐井の乱を大伴氏は鎮圧できず権力が弱まり乱を鎮圧した物部氏が権力を強める
オオオオオ

このように第二段階では棚の引き出しを開けたら
細かい情報を取り出せるようにしましょう
日本史の知識は
インプットするだけでは意味がありません
たとえば試験問題で問1も問2も問3も「あーコレ全部習った」っていう記憶だけがあっても
正解を導き出せなければ当然点数にはならないですよね
答えはわからないけど習ったような…
習った記憶すらないことが多いですが
寝てるからな

つまり知識をやみくもにインプットするのではなく
アウトプットできるようにインプットすることが大切なのです
INPUT
OUTPUT

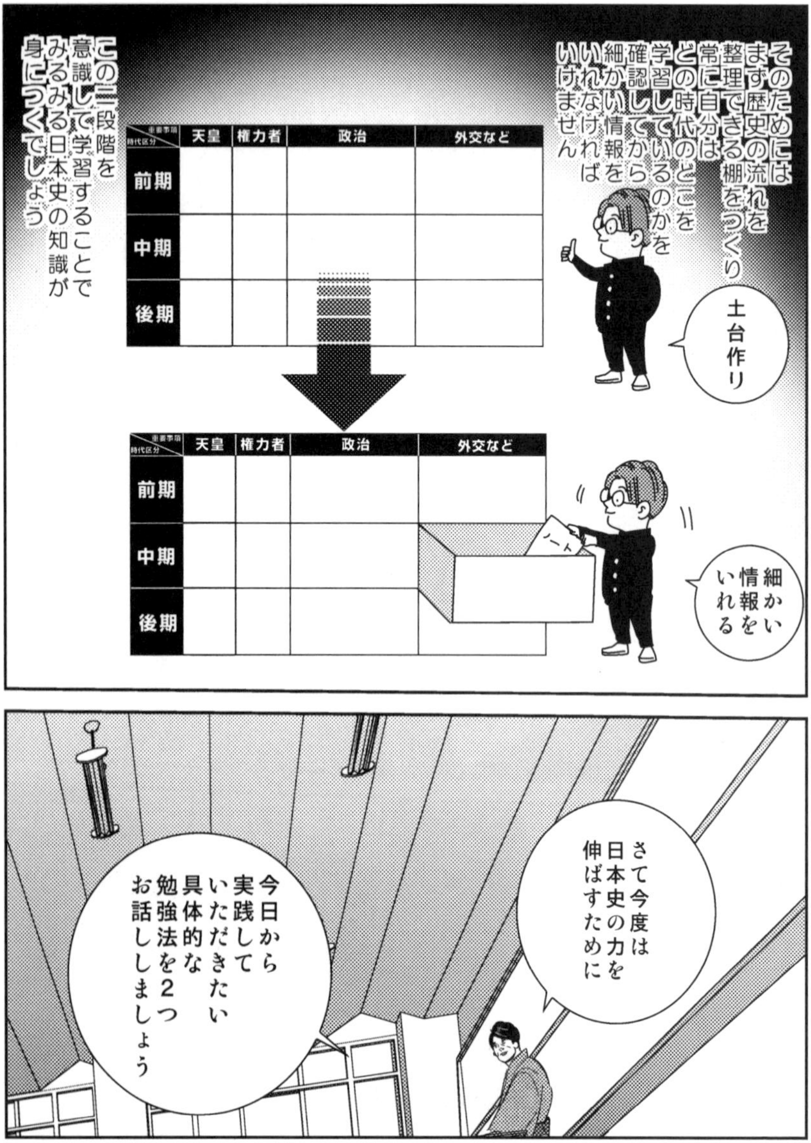
そのためには
まず歴史の流れを
整理できる棚をつくり
常に自分は
どの時代のどこを
学習しているのかを
確認してから
細かい情報を
いれなければ
いけません
土台作り
重要事項
時代区分
天皇
権力者
政治
外交など
前期
中期
後期
細かい情報をいれる
ノート
この三段階を
意識して学習することで
みるみる日本史の知識が
身につくでしょう
さて今度は
日本史の力を
伸ばすために
今日から
実践して
いただきたい
具体的な
勉強法を2つ
お話ししましょう

1つ目は音読です
日本史で音読…？
みなさんは小学生の頃教科書を音読した経験があるでしょう
こくご
ではなぜ小学校では教科書を音読させるのかわかりますか？
居眠り防止ですよね
違うわ
実は音読で言葉をスラスラ言えることが非常に重要なんです

スラスラ言えない言葉って頭に入っていない言葉なんです
なかのおおえのみこ
なかとみのかまたり
日本史
ですから日本史用語や重要事項を頭にいれるための第一歩としてスラスラ音読できることがとても大切なんです
あとは日本史の流れを学習できるCDを聞くのもいいでしょう
大学受験 日本史
金谷の日本史【改訂版】
「なぜ」と「流れ」がわかる本
原始・古代史
金谷俊一郎
「なぜ」と「流れ」をイッキ読み!
日本史の なぜと流れの 早わかり講義
ちょっと宣伝!(笑)
通学時間や隙間時間に何度も繰り返し聞くことでCDの口調が頭に残り
自然と日本史の流れが身につくはずです
縄文時代は——

「音」は記憶を定着させるために最も有効な手段の1つです
ですから日本史を勉強する際にも音読やCDをぜひ取り入れてくださいね
では2つ目の勉強方法のお話をしましょう
それはノートのとり方です
あなたは普段どのようにノートをとりますか？
先生が書いた板書をそのまま写しています
うんそういう人が多いと思います
でも繰り返しになりますが
教科書とか板書ってただのレジュメなのです

ですから ただ講義を受けて 綺麗にノートに 板書を写しても
日本史の力は 何もついていません
ズーン
綾は ノートだけは キレイ なのにな－
もちろん 綺麗なノートを つくることは いいことです
しかし ノートを つくるだけで 満足しては いけません
ノートは きちんと情報を 吸収できる形に なっていることが 大切です
つまりただ板書を そのまま写すのではなく ノートに 自分なりのアレンジや 工夫をすることが 重要なのです！

どんなノートをつくればいいのかな…
たとえば私が講義中に歴史の棚しか板書を書かなかったとしましょう
しかしその講義の中では板書に対する様々な説明をしているはずです
ノートには先生の講義を聞いて大切だと感じた部分を必ず書くようにしましょう
さらにその時代について自分が参考書や問題集を解いて得た知識や試験で問われて間違ったことなども一緒にノートにまとめるのです
飛鳥時代（6世紀）
前期
中期
後期
参考書や問題集を解いて得た知識
先生が講義した内容
試験で間違ったこと

試験会場
塾などで配布されたテキストもノートと同じようにアレンジしてみましょう
ノートはみなさんが受験の会場まで持ち歩く大切なパートナーですから
知識を吸収できるように様々な工夫をこらしたオリジナルノートをつくってくださいね
ここまでで日本史を学習するうえで意識してほしい勉強法をお話ししました
次はいよいよ各時代の簡単な歴史の流れを見ていきましょう

日本史の勉強法

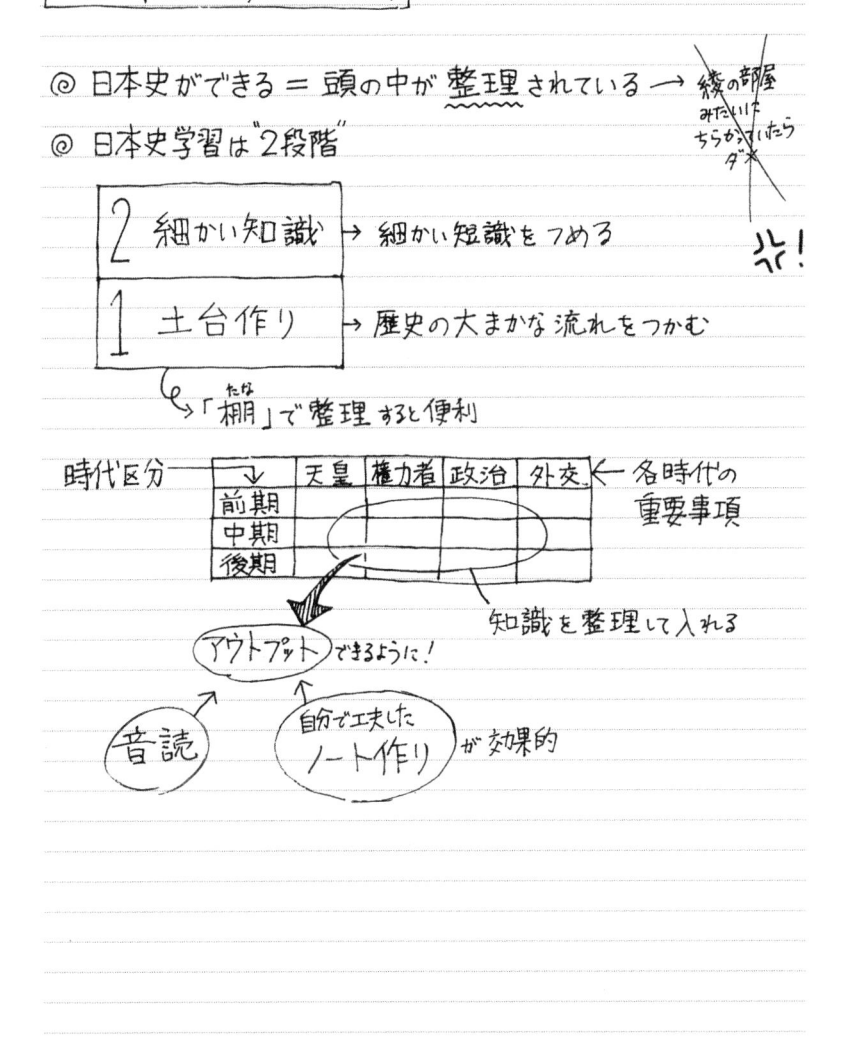

◎ 日本史ができる ＝ 頭の中が整理されている → ~~綾の部屋みたいにちらかっていたらダメ~~

◎ 日本史学習は"2段階"

2 細かい知識	→ 細かい短識をつめる
1 土台作り	→ 歴史の大まかな流れをつかむ

→「棚《たな》」で整理すると便利

時代区分 ―― ↓

↓	天皇	権力者	政治	外交
前期				
中期				
後期				

← 各時代の重要事項

知識を整理して入れる

アウトプットできるように！

音読

自分で工夫したノート作り が効果的

新渡戸稲造

第二講
日本史の流れ

ただ過ぎ
過ぐるもの
帆かけたる舟。
人の齢。
春、夏、秋、冬。
（清少納言）

各時代の流れを学ぶ前に
まず時期区分のお話をしましょう
時期区分……？

時期区分	時代
1 原始	①先土器時代
	②縄文時代
	③弥生時代
2 古代	④古墳時代
	⑤飛鳥時代
	⑥奈良時代
	⑦平安時代
3 中世	⑧鎌倉時代
	⑨室町時代
4 近世	⑩安土桃山時代
	⑪江戸時代
5 近代・現代	⑫明治時代
	⑬大正時代
	⑭昭和時代
	⑮平成時代

＊時期区分と時代は大きな流れを説明する都合上、上記のように分類しています。

みなさんが学ぶ日本の歴史は大きく5つに分けることができます
この5つの区分は歴史の流れをそれぞれの時代の特徴——
たとえば社会制度の違いなどで一定の期間に分けたものです

これから私はみなさんにこの5つの時期区分に基づいて
「日本史の大きな流れ」を*お話しします
細かい用語や知識はすべて省きますので
みなさんも過去から現代までの
「流れ」を理解することを意識して
物語を聞くように楽しんでくださいね

＊ 歴史をわかりやすく伝えるために、デフォルメしている部分があります（内容は史実に基づいています）。

1 原始 PRIMITIVE AGE

①先土器時代 B.C.30000?—B.C.13000

②縄文時代 B.C.13000—B.C.4C

③弥生時代 B.C.4C—A.D.3C

では5つの時期区分の1つ目
『原始』から見ていきましょう

『原始』で最も大切なことは
1 原始
① 先土器時代
② 縄文時代
③ 弥生時代
先土器時代
縄文時代
弥生時代
という3つの時代に分かれるということです

そしてこの3つの時代はこのように言いかえることができちゃうんです
原始
①先土器時代→旧石器時代
②縄文時代
③弥生時代
→新石器時代
え・・・どうして?
この旧石器時代新石器時代という時代区分は
「考古学上*の時代区分」といえます

＊考古学とは遺跡や遺物などによって、古い時代の人類の生活などを研究する学問のこと。

簡単にいうと掘って出てくるものをもとにして
時代を区分したってことですね
！
これは旧石器時代のものだ！
オオオッ

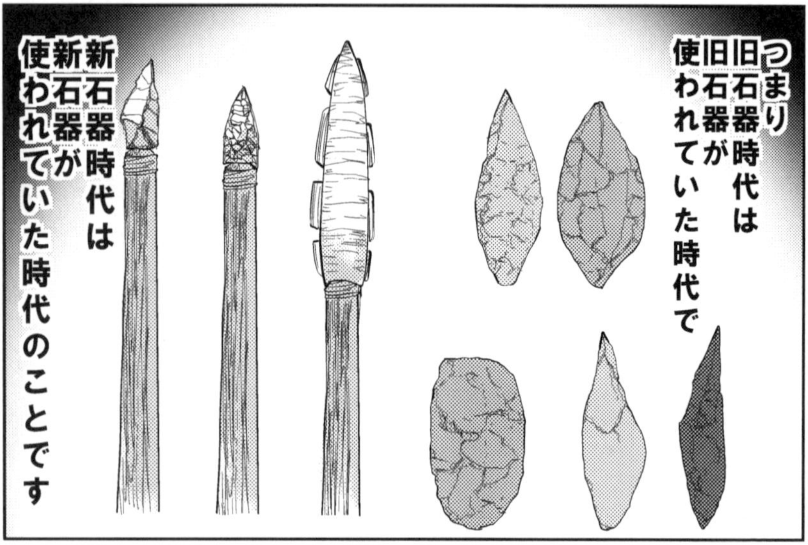
つまり旧石器時代は旧石器が使われていた時代で
新石器時代は新石器が使われていた時代のことです

単純でしょう？
ちなみに先土器時代・縄文時代弥生時代は「文化史上の名称」といえます
考古学上の名称と混同しないように気をつけてくださいね
文化史上の名称
考古学上の名称
①先土器時代
旧石器時代
②縄文時代
③弥生時代
新石器時代
ではこれをふまえて日本の歴史の始まりである
「先土器時代」から見ていきましょう

先土器時代

先土器時代は
*人類が日本列島に
移住してきてから
約１万年前に
縄文時代が
始まるまでの
時代です
なんと日本の歴史の
ほとんどを占める
長ーい長ーい
時代なのです
この頃は
氷河時代とも呼ばれ
寒い「氷期」と
比較的暖かい「間氷期」が
繰り返されていました
大陸
寒い「氷期」には海水が
たくさん氷河に
なってしまうので
海面が今より
１００ｍくらい低く
日本は大陸と陸続きに
なることがありました
大陸からは
寒い時期でも
生活できる——

＊何万年前に移住してきたか詳細はわかっていない。

マンモスや
オオツノジカなどの
大型動物たちが
食糧などを求めて
日本に
やってきました
ドドドド
ドド

さて
先土器時代の人々は
狩猟・漁労・採集という
生活をしていました
狩猟
漁労
採集

そしてこのとき使っていたのが旧石器
つまり「打製石器」なのです
カン
カン
カン
▶打製石器・・・石をカンカン打ち欠いただけでつくった粗末な石器
打製石斧
ナイフ型石器
尖頭器
たたく用
斬りつける用
槍にして刺す用
この頃は寒かったこともあり
これしかないのね
さむいよー
食糧が豊富にありませんでした

ゴオオオオオオ
ですから重要な食糧である大型動物を求めて
まてーー!食糧!
人々は移住生活をしていました
だからすぐ移動できるように洞窟や簡単な小屋を住居にしていたのです
どーせすぐ引っ越しするし
どーくつでいーよねー
やがてこのような人々の生活は終わり縄文時代へ——

縄文時代

縄文時代は
約１３０００年前から
紀元前４世紀頃まで
約１万年間続きますが
ざっくりと
「約１万年前から」と
覚えておきましょう

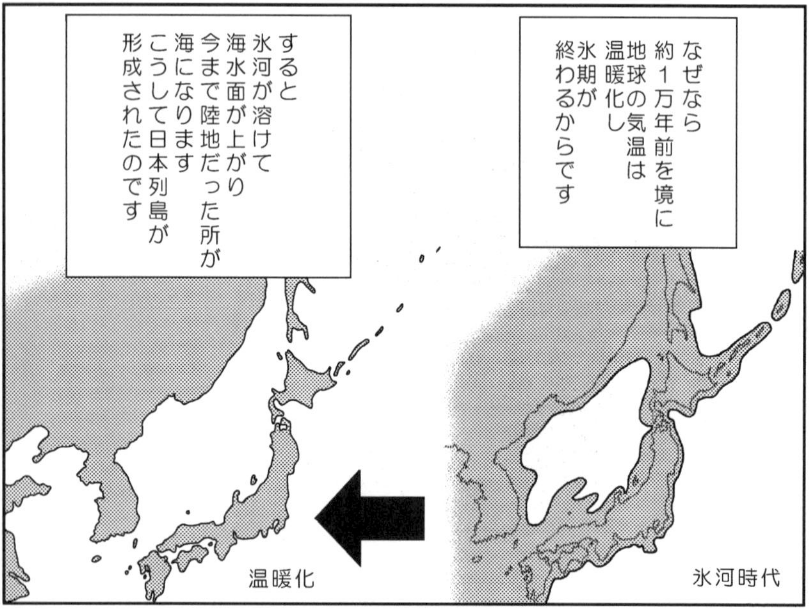
なぜなら
約１万年前を境に
地球の気温は
温暖化し
氷期が
終わるからです
すると
氷河が溶けて
海水面が上がり
今まで陸地だった所が
海になります
こうして日本列島が
形成されたのです
氷河時代
温暖化

気候が暖かくなると大型動物が*生きていけなくなり
ドサ…
お腹すいたよ……
代わりにイノシシやニホンジカなどの中小動物が多く生息するようになります
この中小動物はいたるところに生息しているため
人々は先土器時代のように動物を追いかけて移住する必要がなくなります

＊ 大型動物は、寒冷地にのみ適した動物であるため。

そこで竪穴《たてあな》住居《じゅうきょ》をつくって定住するようになったのです
ここで一生暮らすんだぞ
夢のマイホームだね
さて縄文時代の人々も先土器時代の人々と同様に狩猟・漁労・採集という生活をしていました
しかし使う道具は進化していきます

＊ 竪穴とは、地面から垂直に掘った穴のことで、竪穴住居とは、地面を数十センチ掘り下げた面を床とする、半地下式の住居のこと。

狩猟
弓
すばしっこい中小動物を捕まえるために弓矢が発明されます
飛び道具!?
よーく狙え!
みっちーは弓道部だからこの時代でも生きていけるなっ
……弓だけじゃ厳しいだろ
しとめろ!
漁労
釣針・銛
日本列島が周りを海で囲まれたため漁労が盛んになります
大漁〜! 大漁〜!
釣針
銛
釣針や銛《もり》は動物の骨や角でつくられているので骨角器といいます
採集
石器・土器
縄文時代には新石器の「磨製石器」や縄文土器が登場します
▶磨製石器
キレイに磨かれた石器
磨くことで切れ味が良くなる
打製とは格が違うのだ!
▶縄文土器
採集した木の実や貝などを
煮たり保存したりする
どんぐりいれましょう

このように豊かな食糧を得ることができた縄文時代ですが
ゴォ
ゴォ
ゴォッ
ときには気候の変化などによって魚や獲物が捕れないこともあります
そんなとき科学の発達していない縄文時代の人々はこう考えました
神の怒りだ
オオオ

魚が捕れないのは海の神様が怒っているからで
獲物が捕れないのは山の神様が怒っているからだ！
すべてのものには神様が宿っているんだ！
オオオオオッ
これを「アニミズム（精霊崇拝）」といいます
このアニミズムの社会で
祈りを捧げる呪術の道具として使われたのが土偶といわれています
ドロロロロロロ
そして時代は弥生時代へ——

弥生時代

紀元前4世紀から
3世紀まで
約700年続く
弥生時代の最大の特徴は
稲作が始まる
ことです
稲作は
弥生時代の人々の
食生活を安定させ
さらに4つの大きな
変化をもたらします
1つ目は
村の誕生！
米を育てるためには
田植えや稲刈りなど
人々が力を合わせる
必要があります
だから協力して
生活するようになり
「むら」ができたのです

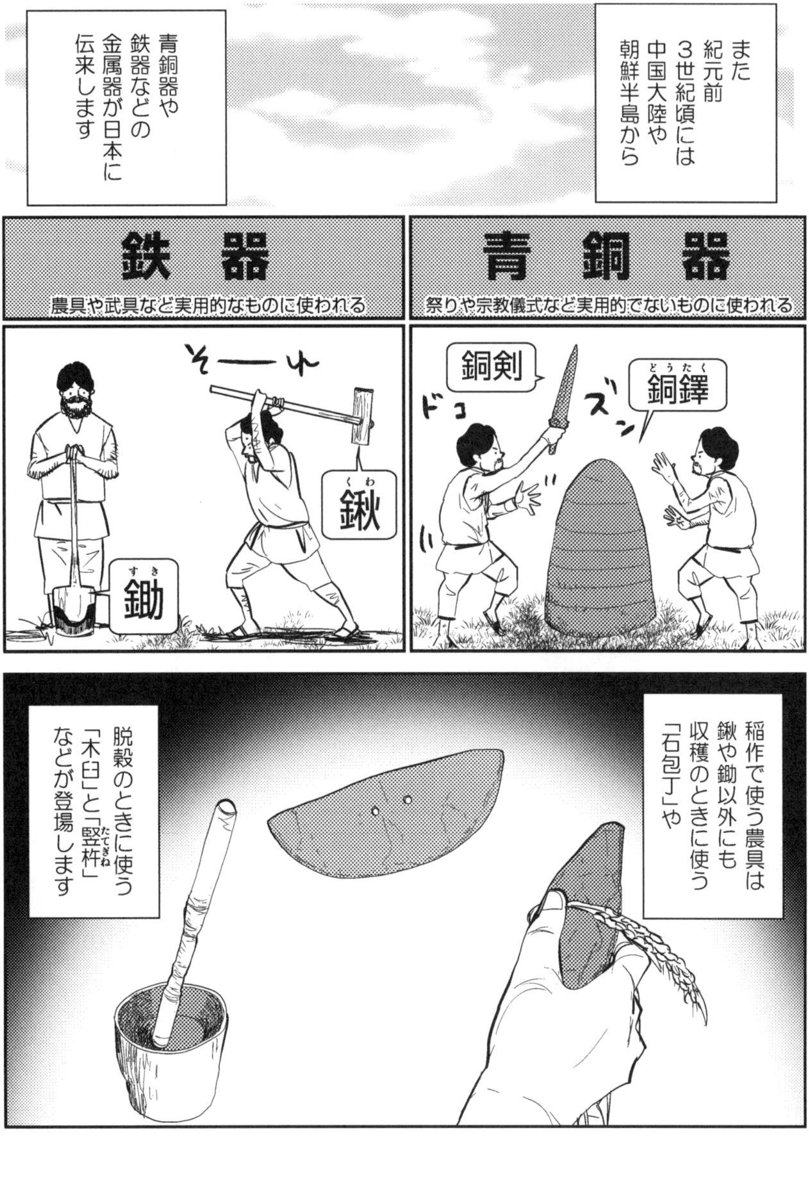

また紀元前3世紀頃には中国大陸や朝鮮半島から
青銅器や鉄器などの金属器が日本に伝来します
青銅器
祭りや宗教儀式など実用的でないものに使われる
鉄器
農具や武具など実用的なものに使われる
銅剣
ドコ
ズシン
銅鐸《どうたく》
そーれ
鍬《くわ》
鋤《すき》
稲作で使う農具は鍬や鋤以外にも収穫のときに使う「石包丁」や
脱穀のときに使う「木臼」と「竪杵《たてぎね》」などが登場します

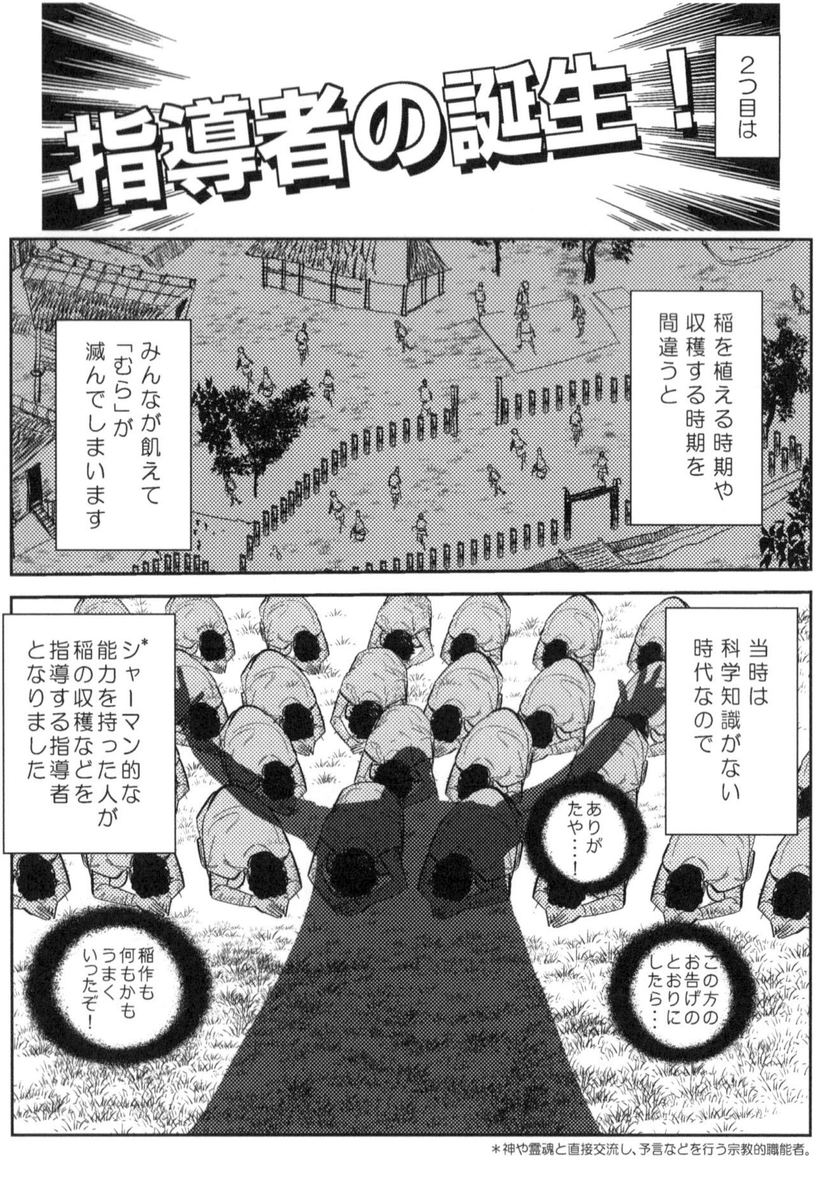
2つ目は
指導者の誕生！
稲を植える時期や収穫する時期を間違うと
みんなが飢えて「むら」が滅んでしまいます
当時は科学知識がない時代なので
ありがたや…！
*シャーマン的な能力を持った人が稲の収穫などを指導する指導者となりました
この方のお告げのとおりにしたら…
稲作も何もかもうまくいったぞ！

＊神や霊魂と直接交流し、予言などを行う宗教的職能者。

これは3世紀に登場する邪馬台国《やまたいこく》の卑弥呼《ひみこ》が有名ですね
私の占うとおりにすればよい
3つ目は
争いの発生！
たくわえた米や稲が育ちやすい土地をめぐって
「むら」と「むら」の間で争いが起きるようになりました
ア
ア
ア
アア
ワア
ア

勝った「むら」は負けた「むら」を支配していき
くに！
日本各地に小さな「くに」ができました
最後の4つ目は
墓の誕生！
稲作が始まったことで力を持った人が土地を支配するようになり
支配者
土地を支配していない人
土地を支配している人としていない人とで貧富の差が生まれます

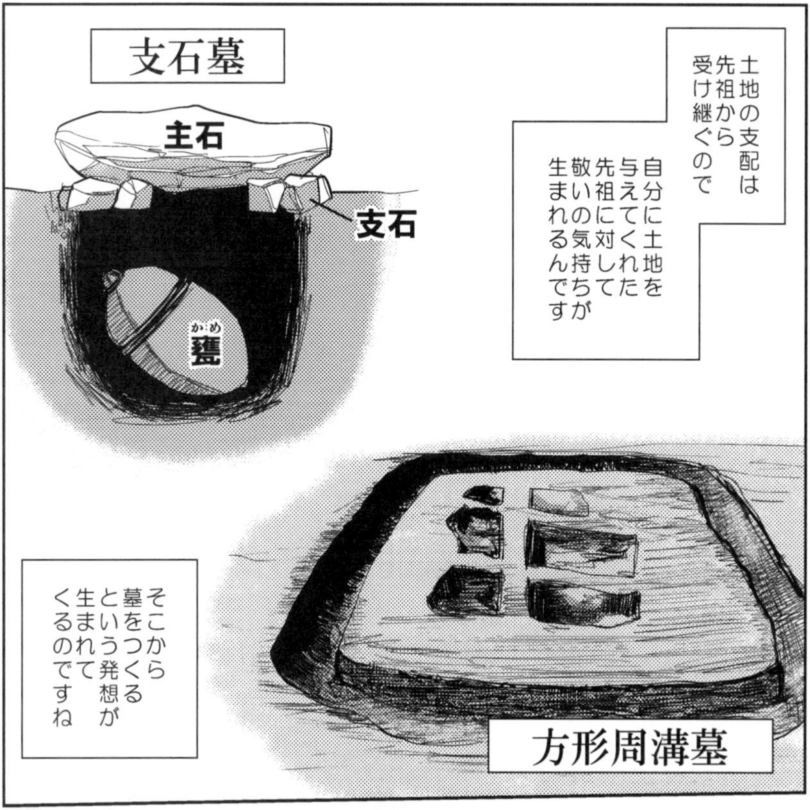
土地の支配は先祖から受け継ぐので
自分に土地を与えてくれた先祖に対して敬いの気持ちが生まれるんです
支石墓
主石
支石
甕《かめ》
方形周溝墓
そこから墓をつくるという発想が生まれてくるのですね

ちなみに紀元前1世紀から3世紀の弥生時代の日本については
中国の歴史書に記してある内容から知ることができます

紀元前1世紀
『漢書《かんじょ》』地理志《ちりし》
海の向こうに倭人《わじん》が住んでいる
100余りの小国に分かれている
倭
権力争いがあり
100余りの
小国に分かれていた
1世紀〜2世紀
『後漢書《ごかんじょ》』東夷伝《とういでん》
奴国《なこく》の王が
光武帝《こうぶてい》に
使いを送って
印綬《いんじゅ》をもらった
奴国の王
あげる
光武帝
3世紀
『魏志《ぎし》』倭人伝《わじんでん》
魏の皇帝が
邪馬台国の卑弥呼に
「親魏倭王」という
称号を与え
卑弥呼を倭王と認めた
親魏倭王の称号
あげるから
仲良くしましょう
魏の皇帝
卑弥呼
弥生時代は3世紀中頃に
終わりを迎え古墳時代へ——

2 古代 ANCIENT TIMES

④古墳時代 3C—7C

⑤飛鳥時代 6C—7C

⑥奈良時代 710—794

⑦平安時代 794—1185

では5つの時期区分の2つ目
『古代』について見ていきましょう
『古代』は
古墳時代
飛鳥時代
奈良時代
平安時代
2 古代
④古墳時代
⑤飛鳥時代
⑥奈良時代
⑦平安時代
という4つの時代に分かれます

『古代』は一言でいうと「日本」という国ができあがった時代といえます
国ができあがった……？
弥生時代にもバラバラとした国は存在していましたが
『古代』になると力の強い「豪族」や「大王《おおきみ》」と呼ばれる人たちが登場しその人たちのもとでどんどん国の統一が進んでいくのです
そしてそこでは激しい権力争いも起きるようになります
みんな平等だったのは縄文時代までなんだな…
では早速『古代』の始まりである「古墳時代」から見ていきましょう

古墳時代

古墳時代は３世紀中頃から７世紀頃まで約４００年間続く時代です
この時代の最大の特徴は
権力者たちが自分の権力の象徴としてどんどん巨大な古墳をつくったことです
見よこれがオレ様の墓だ！

古墳時代は大きく
前期・中期・後期に
分けることができ
古墳時代
前期（3世紀中頃～4世紀後半）
中期（4世紀後半～5世紀末）
後期（6世紀～7世紀）
各時期の
古墳のつくりや
＊副葬品を
見ることで
その時代背景を
知ることができます
古墳時代の
「前期」と「中期」に
つくられた古墳は
主に鍵穴形の
前方後円墳でした
前方後円墳
古墳時代
前期
中期
後期
古墳は
権力の象徴
ですので
基本的に
1つの古墳が
1人の権力者の
墓となります

＊遺体と一緒に埋葬される品物。

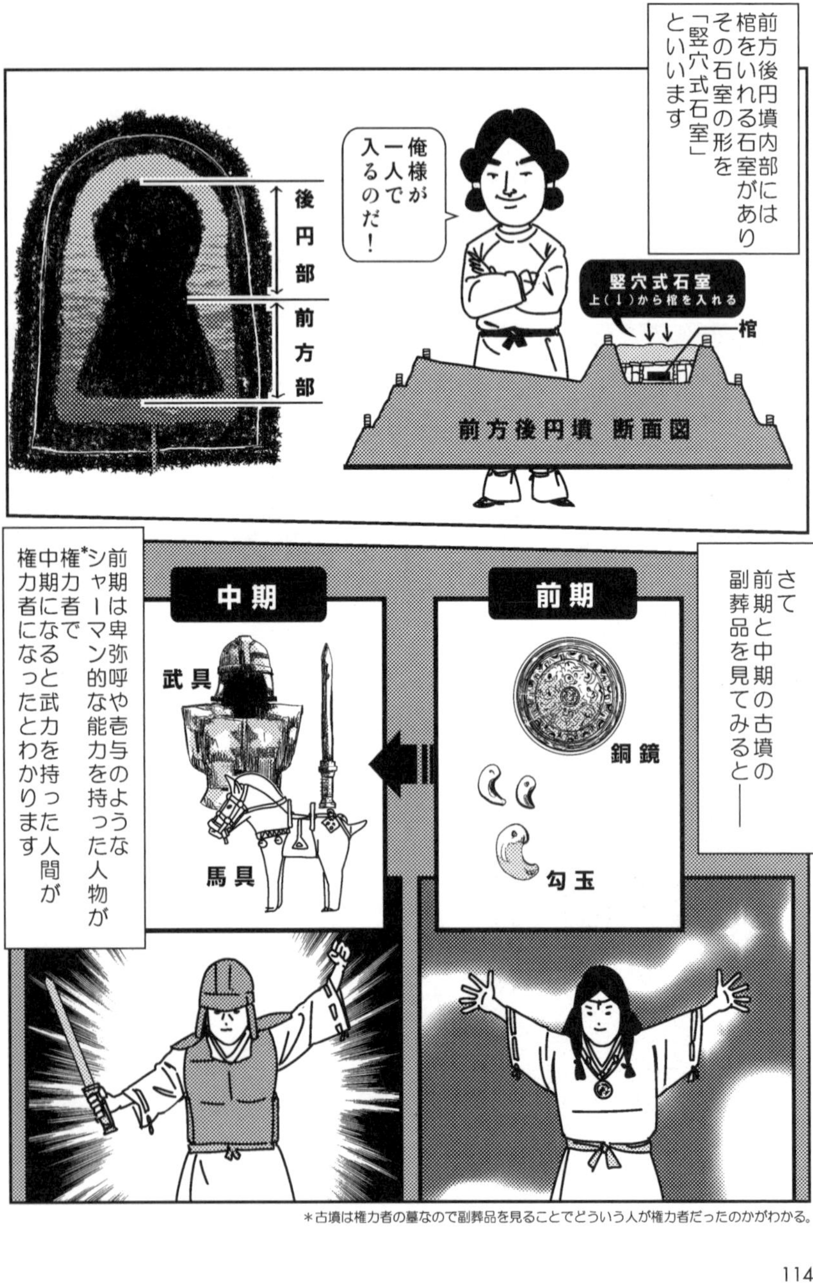
前方後円墳内部には
棺をいれる石室があり
その石室の形を
「竪穴式石室」
といいます
俺様が一人で入るのだ！
後円部
前方部
竪穴式石室
上（↓）から棺を入れる
棺
前方後円墳 断面図
さて
前期と中期の古墳の
副葬品を見てみると――
前期
銅鏡
勾玉
中期
武具
馬具
前期は卑弥呼や壱与のような
シャーマン的な能力を持った人物が
権力者*で
中期になると武力を持った人間が
権力者になったとわかります

＊古墳は権力者の墓なので副葬品を見ることでどういう人が権力者だったのかがわかる。

ちなみに
武力を持った
人間が
権力者だった
古墳時代中期の
出来事を
見てみると――

4世紀
大和地方（奈良県）の王*たちが
同盟を結んで連合王国をつくり
ヤマト政権が誕生したと
いわれています
従わないなら
やっつけるぞ！
オオオオ
ヤマト政権では一番強い国の王を
「大王《おおきみ》」という代表にして
それ以外の王たちは
豪族と呼ばれるようになりました
このヤマト政権が
武力を背景に
日本の統一を目指したのです

5世紀
ヤマト政権に
「倭の五王」と呼ばれる
5人の王が登場し
東北南部から
九州までを
ヤマト政権が
統一！
武力を背景に絶大な
権力を持ち
日本国内で支配地域を
どんどん広げました
讃《さん》
珍《ちん》
済《せい》
興《こう》
武《ぶ》

＊ 弥生時代に存在していたバラバラした国の王たち。

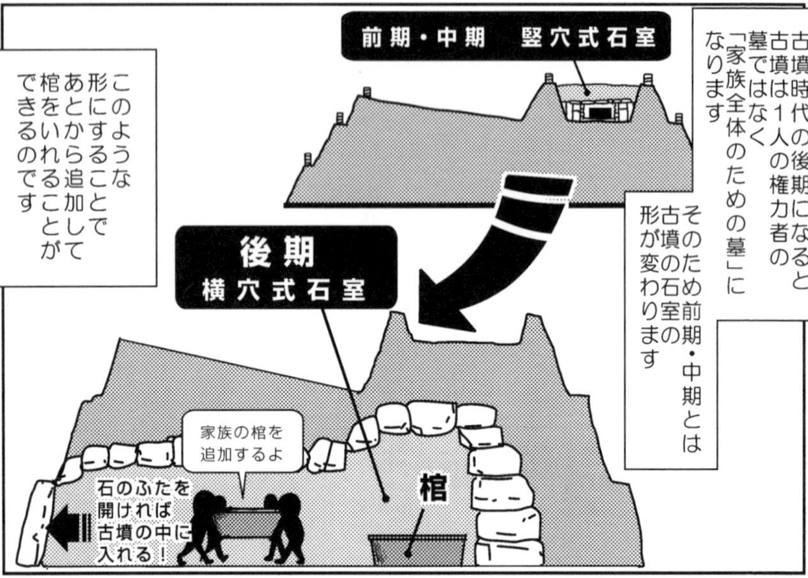
古墳時代の後期になると古墳は1人の権力者の墓ではなく「家族全体のための墓」になります
そのため前期・中期とは古墳の石室の形が変わります
前期・中期　竪穴式石室
後期
横穴式石室
このような形にすることであとから追加して棺をいれることができるのです
家族の棺を追加するよ
棺
石のふたを開ければ古墳の中に入れる！

そしてそれまで古墳をつくれなかったような地域の有力者たちも自分の家族の古墳をつくるようになり
1つの場所に多数の古墳が密集する群集墳《ぐんしゅうふん》が見られるようになります

また後期の古墳は家族の死後の生活の場となったため
前期
中期
副葬品も土器などの日用品に変わっていったのです
後期
そして時代は飛鳥時代へ――

飛鳥時代

飛鳥時代は6*世紀から7世紀まで約100年間続きます
この時代の特徴は仏教の伝来と律令体制です
律令体制
律令体制とは天皇を中心として法律によって全国を1つにまとめようとする政治体制のことです

＊古墳時代の後期と時期が重なっているのは、古墳時代は考古学的な区分、飛鳥時代は文献史学的な区分で分けられており、違う区分を同一の時代ライン上に置いたためです。

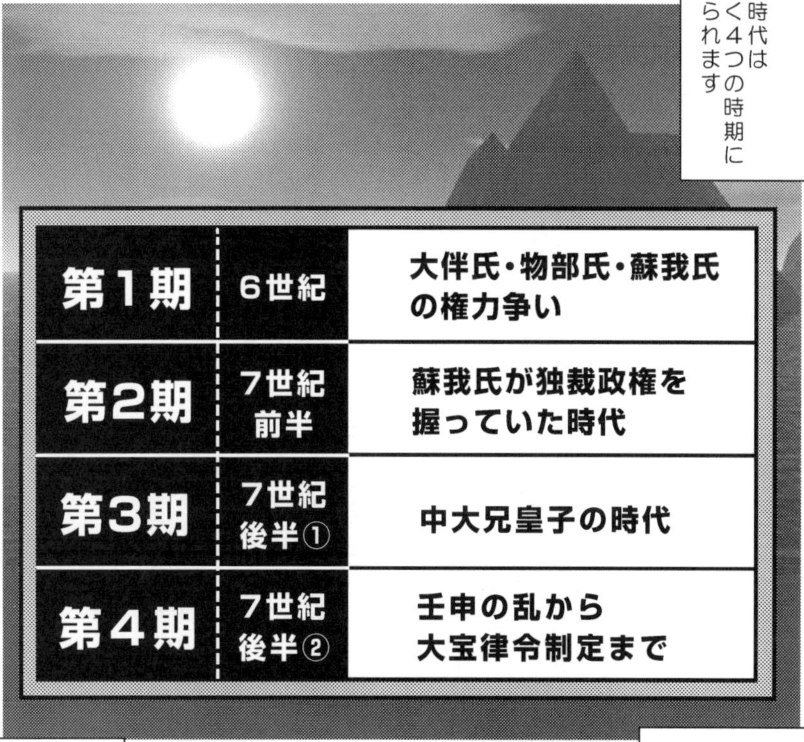

さて
飛鳥時代は
大きく4つの時期に
分けられます

第1期	6世紀	大伴氏・物部氏・蘇我氏の権力争い
第2期	7世紀前半	蘇我氏が独裁政権を握っていた時代
第3期	7世紀後半①	中大兄皇子の時代
第4期	7世紀後半②	壬申の乱から大宝律令制定まで

この時代から
ヤマト政権は「朝廷」となり
ヤマト政権で
「大王」と呼ばれた人は
「天皇」と
呼ばれるようになります
そして地方の権力者である
豪族もたくさん登場します
早速第1期から
見ていきましょう

第1期　6世紀　大伴氏・物部氏・蘇我氏の権力争い

大伴氏・物部氏・蘇我氏という三大豪族が権力争いをしていた第1期ですが——
蘇我氏
物部氏
大伴氏
540年失脚
わいろばれた…
早々に[*1]大伴氏は権力を失い物部氏と蘇我氏の一騎打ちになります
ド
物部vs蘇我
この頃 日本には朝鮮半島から欽明天皇[*2]に仏像が贈られ仏教が伝来しました
この仏教を受けいれるか否かで蘇我氏と物部氏が対立を深めます
なぜなら蘇我氏の家来の渡来人は仏教を信仰し物部氏の家来の中臣氏は日本古来の神を信仰していたからです
欽明天皇
渡来人
中臣氏
仏教賛成！
仏教反対！
この論争を[*3]「崇仏論争」といいます

＊1第2講P.68, P.69参照。
＊2欽明天皇は、蘇我氏のバックアップで天皇になった人物。
＊3結果的に蘇我氏が自分の屋敷で仏像をまつったが、その後、伝染病が流行し、物部氏が仏像を捨てた。

さて両者は6世紀後半に用明天皇が亡くなったのをきっかけに*次の天皇を誰にするかで対立し戦争になります
ズーーン
587年失脚
540年失脚
蘇我氏
物部氏
大伴氏
この戦争で物部氏が滅び蘇我氏の蘇我馬子が崇峻《すしゅん》天皇を天皇にしますが——
崇峻天皇は蘇我馬子の思い通りにならなかったため馬子は部下に暗殺を指示
ギャアーーァァア
マッ
そして崇峻天皇の死後初の女性天皇である推古天皇を即位させるのです
このように蘇我氏が権力を握り第2期へ——

*この時代は天皇を擁立した人物が権力を持つことができた。

第2期　7世紀前半　蘇我氏が独裁政権を握っていた時代

第2期は蘇我氏が独裁政権を握ってから滅亡するまでの時期です

天皇　蘇我氏

第2期の天皇は次のように移り変わりますが
第33代推古天皇
馬子
第34代舒明天皇
蝦夷《えみし》
第35代皇極天皇
入鹿《いるか》
バックには必ず蘇我氏がいて天皇と政治を操っています

第2期最初の推古天皇は女性だったため甥の厩《うまや》戸《と》王《おう》（聖徳太子）に政務を代行させ
頼んだぞよ
わかりました
厩戸王は蘇我馬子と共に政治を行ったと考えられています
遣隋使
憲法十七条
冠位十二階

厩戸王は天皇中心の政治を目指しましたが彼が亡くなると
第34代舒明天皇の頃には馬子の息子である蘇我蝦夷が権力を握り政治を思うままにしていきました
舒明天皇が亡くなると次の天皇の有力候補として厩戸王の息子である山背大兄王《やましろのおおえのおう》が登場します
家柄良し！
能力良し！
しかし――
蝦夷の息子の蘇我入鹿は自分の思い通りの政治をするために舒明天皇の皇后だった女性を天皇にします
皇極天皇
そして山背大兄王を攻め滅ぼし強大な権力を手にするのです

しかし この事件をきっかけに 2人の人物が 立ち上がります
蘇我氏の好き勝手にさせていては国がダメになります！
うむ…！
役人の中臣鎌足と *中大兄《なかのおおえの》皇子《みこ》です
2人は蘇我氏滅亡を誓い合い——
ついに645年 大極殿という宮殿で 蘇我入鹿を暗殺します
ぎゃあ！
これが乙巳《いっし》の変です
こうして7世紀前半に 絶大な権力を握った 蘇我氏は滅亡するのです この乙巳の変からその後の 政治改革全体を
大化の改新といいます
そして時代は第3期へ——

＊舒明天皇と皇極天皇の息子で優秀だと評判だった人物。

第3期 7世紀後半① 中大兄皇子の時代

第3期には 蘇我氏を 滅亡させた 中大兄皇子が 権力を握ります
叔父です
母です
第36代 孝徳天皇
第37代 斉明天皇
まず彼は 自分の叔父と母を* 天皇にして 自身は皇太子という 立場で政治を 進めていきます
ゴゴオオオオッ
彼は 天皇に権力を 集中させる
今までの都は 蘇我氏の 支持者が 多いから 遷都しよう!
難波に遷都
改新の詔
土地や人民は 天皇のものだと 発表しよう!
「中央集権体制」を 押し進めます
また 自身が 天智天皇として 即位すると
中臣鎌足と共に 日本で最初の法律と いわれる「近《おう》江《み》令《りょう》」を 制定します
しかし——

＊ 第35代皇極天皇が重祚（一度退位した君主が再び即位すること）して、第37代斉明天皇となった。

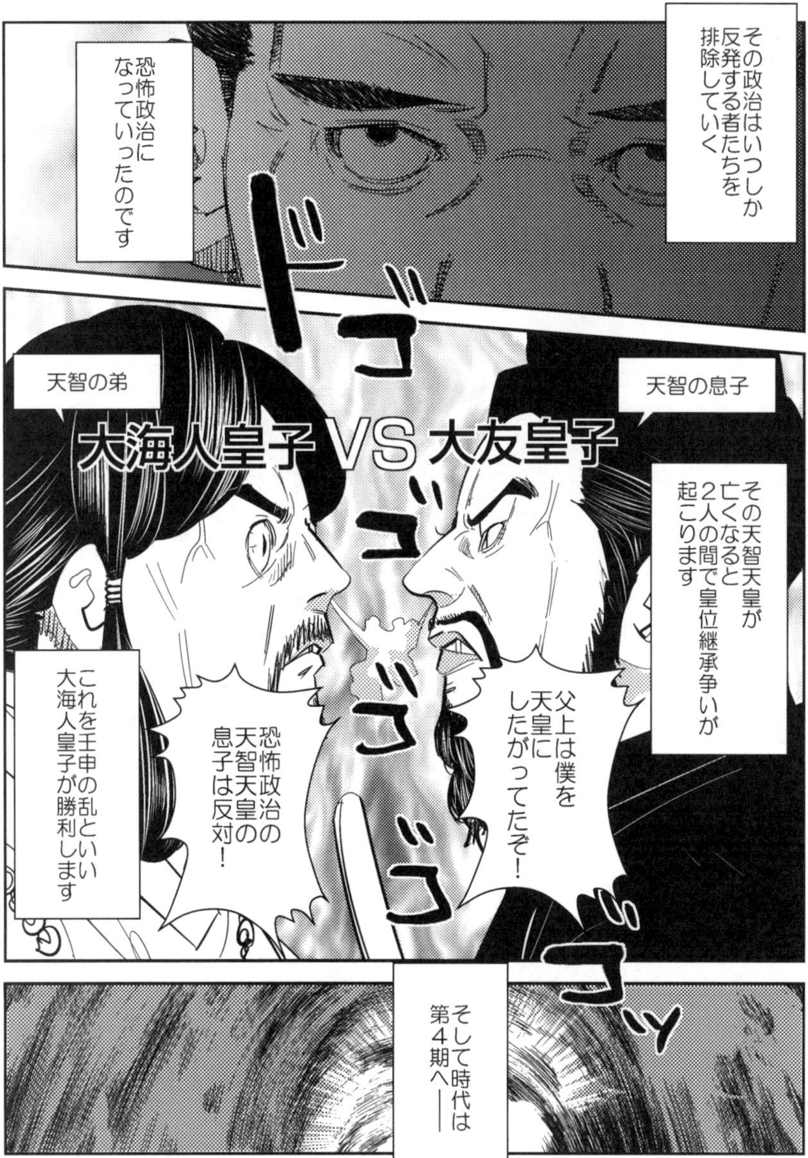
その政治はいつしか反発する者たちを排除していく
恐怖政治になっていったのです
ドゴゴゴゴゴゴッ
天智の息子
天智の弟
大海人皇子VS大友皇子
その天智天皇が亡くなると2人の間で皇位継承争いが起こります
父上は僕を天皇にしたがってたぞ！
恐怖政治の天智天皇の息子は反対！
これを壬申の乱といい大海人皇子が勝利します
そして時代は第4期へ――

第４期	７世紀後半②	壬申の乱から大宝律令制定まで

最後の第４期には「律令体制」が構築されていきます
律令体制とはきちんとした法典を定めて天皇中心の政治を行う国家体制のことです
第４期最初は壬申の乱で勝利した大海人皇子が天武天皇として即位します
ドッ
彼は独裁政治だった天智天皇を反面教師として皇族を中心とする「皇親政治」を目指しました
また天智天皇が制定した「近江令」に代わり
「飛鳥浄御《あすかきよみ》原令《はらりょう》」の制定をします
天武天皇が亡くなるとその妻が持統天皇として即位し
戸籍をつくったわ
天武天皇が進めた政治路線を引き継ぎます

その政治路線は持統天皇の次に即位した*文武天皇にも引き継がれ
文武天皇は701年に「大宝律令」という法律を制定します
近江令
飛鳥浄御原令
今までの「近江令」「飛鳥浄御原令」は「令」だけですがここでついに「律」が登場します
このようにしてきちんとした法典を定めることで律令政治が構築されていったのです
「してはいけないこと」と「それに違反した場合の刑罰」を定めた法。今の刑法
大宝律令
政治を行うしくみを定めた法 今の行政法など
ちなみに「大宝律令」を編纂《へんさん》したのは藤原不比等と刑部親王という人物です
藤原不比等《ふひと》
（中臣鎌足の次男）
この藤原不比等は次の奈良時代で活躍します――
刑部親王《おさかべしんのう》
（天武天皇の子）

＊天武天皇の孫。

奈良時代

奈良時代は
710年から
794年まで
約80年間
続く時代です

奈良時代の権力者たち

この時代の特徴は
権力者として
「藤原氏」と
「アンチ藤原氏」が
交互に登場し
律令体制が崩壊
していくことです

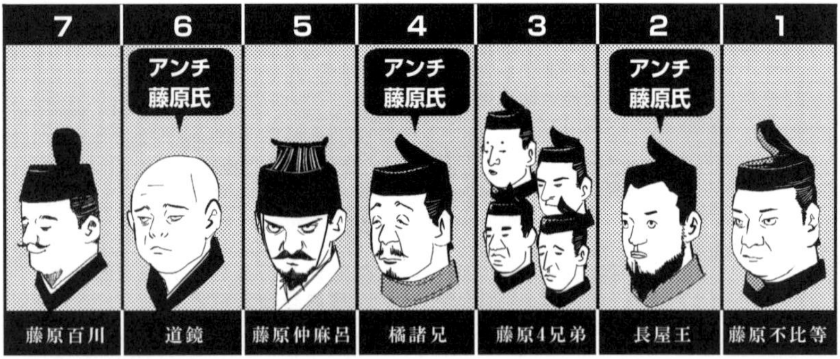

さて
この奈良時代は
大きく3つの時期に
分けられます

第1期	8世紀前期	聖武天皇の時代
第2期	8世紀中期	聖武天皇の娘の時代
第3期	8世紀後期	平安時代への準備段階の時代

では早速
第1期から
お話ししましょう

第1期　8世紀前期　聖武天皇の時代

天皇
権力者
第1期の天皇は次のように移り変わりますが
第43代 元明天皇
藤原不比等
第44代 元正天皇
アンチ藤原氏
長屋王
第45代 聖武天皇
アンチ藤原氏
橘諸兄
藤原4兄弟
元明天皇と元正天皇は聖武天皇が大人になるまでの「つなぎ」役の天皇です
奈良時代最初の元明天皇のときに絶大な権力を持っていたのが
飛鳥時代の最後に大宝律令を編纂した藤原不比等です

実は藤原不比等はのちの天皇である「聖武天皇」のおじいちゃんです
文武天皇
宮子
聖武天皇
父が不比等よ
藤原氏は天皇と婚姻関係を結ぶことで権力を握っていったのです
元明天皇の時代に不比等が行ったことは主に2つで貨幣の製造と——
708年
和同開珎の製造
710年
平城京に遷都
平城宮
道が碁盤の目になっている
朱雀大路
羅城門
貨幣をつくったワシこそが日本の支配者じゃ！
キレイででっかい都をつくるんじゃ
平城京への遷都です

そして次の元正天皇が即位したとき
不比等は「養老律令」という法律を制定します
「大宝律令」と内容はほとんど変わらないが*1ワシ中心でつくった法律じゃよ
しかしその2年後不比等は寿命で亡くなってしまいます
その死をきっかけに立ち上がるのが「アンチ藤原氏」の人々です
オオオオオ
藤原氏の独裁反対!
その人たちは*2長屋王の周りに集い長屋王が権力を握ります
実はこの頃律令国家体制の*3重い税負担から逃れるために多くの人が夜逃げをしていました
ヒュー
税が集まらず困った長屋王は新しく土地を開墾した人はその土地を3世代まで自分たちのものにしていいよという法律を制定しますそれが「三世一身の法」です
今まで土地は国のものだったけど…
税が集まらんからしょーがない

＊1 「大宝律令」は刑部親王が中心になってつくった。
＊2 長屋王は天武天皇の孫。
＊3 農民には口分田という田が1人1つずつ天皇より貸し与えられ、租（米）、庸・調（土地の特産物）、雑徭（労役負担）などを税としておさめる必要があった。

そしてついに７２４年24歳の聖武天皇が即位します
聖武天皇の母親は藤原不比等の娘なので周辺にはいつも不比等の子どもである藤原４兄弟がいました
聖武天皇
天皇になったばかりの聖武天皇は藤原4兄弟に頼り彼らの権力はどんどん増していきます
そして729年藤原4兄弟は自分たちにとって邪魔な存在だったアンチ藤原氏の長屋王に
無念…
謀反の罪をきせて自殺に追い込みます
さらに藤原4兄弟は自分の妹にあたる光明子を聖武天皇の皇后*にします

＊ 皇后とは天皇の正妻のこと。当時「皇后は皇族しかなれない」という慣例があった。光明子は皇族ではないため通常は正妻になれない立場だったが、藤原4兄弟の力で皇后になった。

しかし737年強大な権力を持った藤原4兄弟は当時流行していた天然痘にかかり次々と亡くなります
そして彼らの死をきっかけに台頭するのがアンチ藤原氏の橘諸兄《たちばなのもろえ》です
この頃聖武天皇は唐*から帰国した遣唐使の吉備真備《きびのまきび》や玄昉《げんぼう》からこんな話を聞きました
唐では皇帝が絶対権力者として国を統治しています
そこで聖武天皇は藤原氏と距離を置き橘諸兄を登用し吉備真備や玄昉と共に天皇が権力を握る政治体制を目指します

＊当時の中国のこと。

しかしこの藤原氏を排斥した政治体制に不満を持ったのが都から遠く離れた九州に左遷されていた藤*1原広《ひろ》嗣《つぐ》でした
身内が反乱起こした－－！
ええ
吉備真備と玄昉を追放しろ！
藤原氏を政治から追い出すな
コラアアアア!!
玄昉
吉備
藤原広嗣
藤原広嗣は乱を起こしますが鎮圧され亡くなってしまいます
聖武天皇は身*2内が反乱を起こしたことに強い不安を覚え2つのことを行います
ブル
身内さえも信用できない
ガク
ガク
鎮護国家思想の推進
仏教の力で国を平和に！
寺と大仏をつくるのじゃ
バン
バン
都を遷都
ピューーッ
とりあえず逃げ回るのだ！
紫香楽宮
恭仁京
難波宮
平城京

＊1 藤原4兄弟（宇合）の息子の１人。
＊2 聖武天皇も母親も藤原氏の人間なので藤原広嗣は身内。

寺や大仏をつくるためには
人々の協力が必要です
そこで聖武天皇は７４３年に
「墾田永年私財法」を出します
おお…
土地はずーっと
自分のもの
これなら
やる気
出るね
*これは
開墾した土地はずっと
自分のものにしていいよ
という法律です
このようにして
大化の改新以降の律令体制下で
定められた「土地は国のもの」
という公地公民の原則が崩れ
大化の改新
以降の
律令体制
723年
三世一身の法
743年
墾田永年私財法
土地は
国のもの
一定期間
自分のもの
ずーっと
自分のもの
人々のものに
なっていったのです
税は
たくさん
とるくせに…
うーんん..
期限つきねぇ…
コレコレ！
これを
待ってたのよ！

＊ただし、身分の高い人は広い土地を開墾できるが、低い人はあまり開墾できないという条件つきだった。

第2期　8世紀中期　聖武天皇の娘の時代

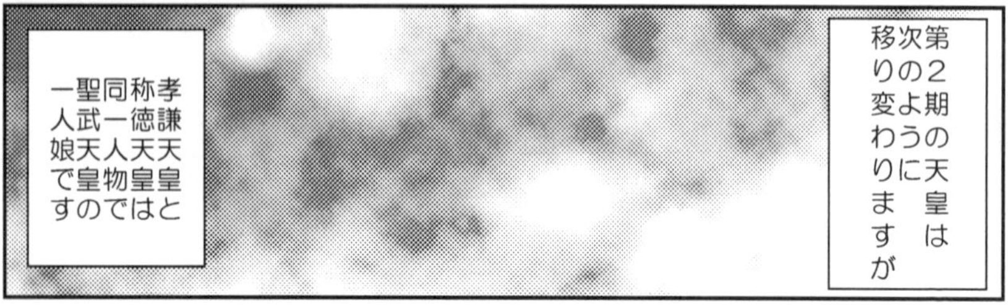
第2期の天皇は次のように移り変わりますが
孝謙天皇と称徳天皇は同一人物で聖武天皇の一人娘です

天皇　**権力者**

権力者は藤原仲麻呂と道鏡という人物が登場します
藤原仲麻呂
第46代 孝謙天皇
第2期最初の孝謙天皇の母親は*光明皇太后で藤原氏の人間です
第47代 淳仁天皇
アンチ藤原氏
道鏡
第48代 称徳天皇

＊ 藤原4兄弟の妹である光明子のこと(P.134参照)。この頃、光明皇太后と呼ばれていた。

光明皇太后は藤原4兄弟の子である藤原仲麻呂に孝謙天皇の政治のサポートをお願いしました
その結果藤原氏の権力がまた強くなるのです
しかし孝謙天皇は仲麻呂とは性格が合わず仲麻呂の言うことを聞いてくれません
そこで仲麻呂は光明皇太后を説き伏せて強引に孝謙天皇を退かせて
自分の言いなりになる淳仁[*1]天皇を即位させて思い通りの政治を進めていきます
しかしまもなく仲麻呂が頼みの綱にしていた光明皇太后は死去してしまいます
この頃 孝謙上皇[*2]は自分の病気を治したという理由で「道鏡」という僧侶を重用していました
上皇は仲麻呂が権力を握る今の状況が面白くありません
仲麻呂さえいなければずっと天皇でいられたのに…!
一方で仲麻呂は道鏡を政界から追い出したいと思っています両者の対立はどんどん深まり——

＊1 天武天皇の孫。
＊2 孝謙天皇が譲位して、孝謙上皇となった。

ついに764年 仲麻呂は ＊恵美押勝《えみのおしかつ》の乱を 起こします
ドンッ
この乱は 多くの戦死者を出し 結果的に 仲麻呂の敗死と 淳仁天皇の島流しで 幕引きとなります
そして この乱に勝った 孝謙上皇が再び 天皇となります これが 「称徳天皇」です
グッ
称徳天皇のもとで 道鏡も権力を持ち ついには称徳天皇が病になると 自分が天皇になろうと 画策しますが――
ニッ
――失敗
宇佐八幡で 道鏡を天皇に しなさいという お告げが出たぞ
お告げは ウソです
だろうな…
宇佐八幡〔宮〕神託事件
この事件のあと称徳天皇が亡くなり 後ろ盾をなくした道鏡はどんどん 力を失っていきます

＊ 藤原仲麻呂が淳仁天皇から与えられた名前。

第3期　8世紀後期　平安時代への準備段階の時代

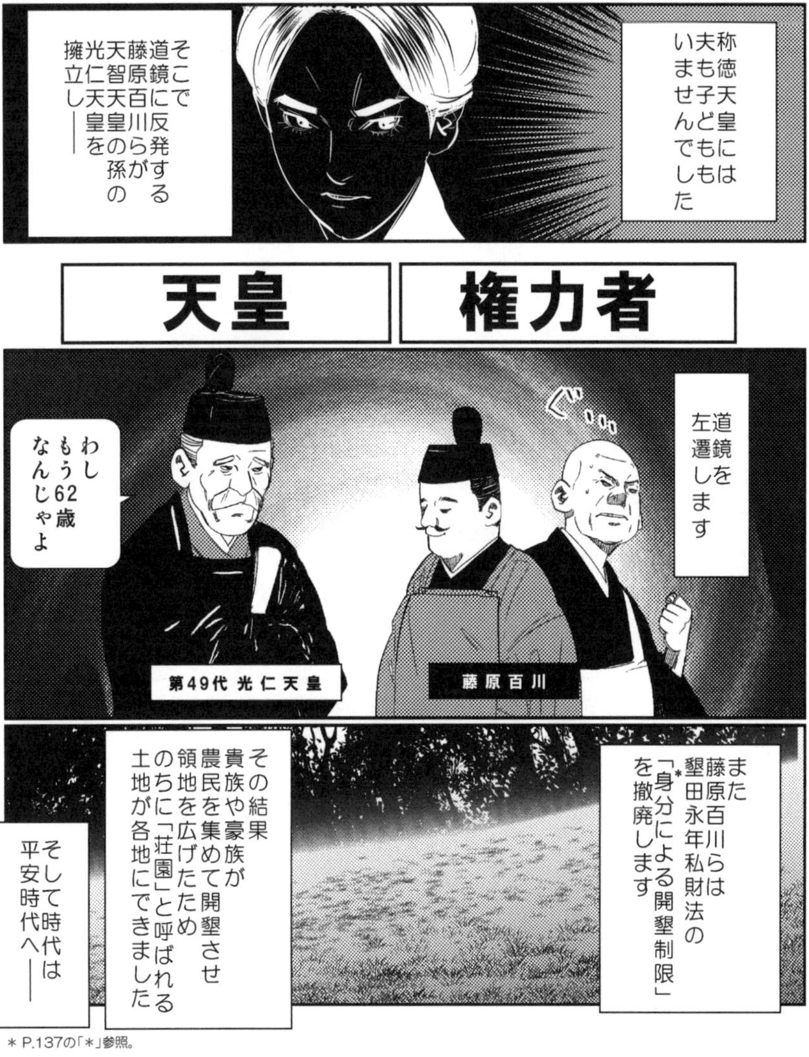

称徳天皇には夫も子どももいませんでした
そこで道鏡に反発する藤原百川らが天智天皇の孫の光仁天皇を擁立し――
天皇
権力者
道鏡を左遷します
藤原百川
わしもう62歳なんじゃよ
第49代 光仁天皇
また藤原百川らは墾田永年私財法の「*身分による開墾制限」を撤廃します
その結果貴族や豪族が農民を集めて開墾させ領地を広げたためのちに「荘園」と呼ばれる土地が各地にできました
そして時代は平安時代へ――

＊ P.137の「＊」参照。

平安時代

平安時代は794年から1185年頃まで約400年続く長い時代です
この時代の特徴は律令体制の再建と失敗 藤原氏の台頭 そして武士の登場です
平安時代は大きく前期と後期に分けられます

前期	8世紀末～11世紀中期	平安貴族の時代
後期	11世紀後期～12世紀後期	院政と武士の時代

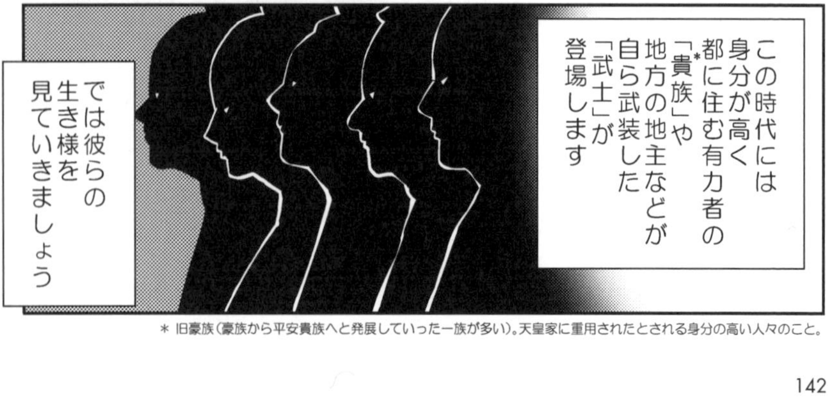
この時代には身分が高く都に住む有力者の「貴族」*や地方の地主などが自ら武装した「武士」が登場します
では彼らの生き様を見ていきましょう

＊ 旧豪族（豪族から平安貴族へと発展していった一族が多い）。天皇家に重用されたとされる身分の高い人々のこと。

前期	8世紀末〜 11世紀中期	平安貴族の時代

①	8世紀末〜 9世紀前期	平安遷都の時代
②	9世紀中期〜 10世紀中期	藤原北家の隆盛と 武士の登場
③	10世紀末〜 11世紀中期	摂関政治

平安時代の前期は
大きく3つの時期に
分けられます

①	8世紀末〜 9世紀前期	平安遷都の時代

この時代は
桓武天皇と
その子どもたちの時代
といえます
第50代 桓武天皇
第51代 平城天皇
第52代 嵯峨天皇
第53代 淳和天皇

平安時代最初の桓武天皇は794年に平安京に遷都し
奈良時代の仏教勢力が強い平城京とはおさらばじゃ！
天皇の命令に国民全員が従う体制を整えしっかり税を徴収するのだ！
地方制度を立て直すことで「律令体制の再建」を目指します
そこで地方役人である*1国司の不正を取り締まる「勘解由使《かげゆし》」や
自分のふところに人々の税金いれてないでしょうねぇ？
勘解由使
いざ蝦夷平定！
*2天皇に従わない人々がいる地域を平定するために「征夷大将軍」という官職をつくります
坂上田村麻呂
征夷大将軍

＊1律令制度のもとで地方をおさめるために設置された役人のこと。
＊2東北地方の蝦夷という部族。

さて次に即位した平城天皇は病弱だったため
あとは頼んだ
わかりました！お兄様！
わずか3年で弟の嵯峨天皇に天皇の位を譲りました
しかしこのとき平城天皇から寵愛を受けていた藤原式家*の薬子という女性が
嵯峨天皇を引きずりおろして平城上皇をもう一度天皇にしましょう！
自分の出世のために運動を起こします
平城太上天皇（薬子）の変

＊藤原四家（京家・式家・北家・南家）の１つ。このとき、京家と南家はすでに勢力を失っていた。

これは失敗に終わりますが——
このとき嵯峨天皇側の機密文書が藤原薬子側に漏れていたことが発覚します
嵯峨天皇はこのような事態を防ぐために天皇の機密文書を守る「蔵人《くろうど》」という官職を置き
その長官である蔵人頭に藤原北家の藤原冬嗣《ふゆつぐ》を就任させました
蔵人頭
藤原冬嗣
こうして藤原冬嗣が嵯峨天皇の側近として権力を持ち次の時期へ——

② 9世紀中期～10世紀中期 藤原北家の隆盛と武士の登場

9世紀中期になると
嵯峨天皇の息子の
仁明天皇が
即位して
父と同じように
藤原氏を登用します
仁明天皇
藤原良房
そこで登場するのが
藤原冬嗣の息子の
藤原良房です

良房は自分に反発する
有力貴族を陥れ
やがて
自分の孫である
わずか9歳の男子を
「清和天皇」として
即位させます
そして
自らは「摂政」*となり
強大な権力を握って
いくのです
仁明天皇
良房
文徳天皇
明子
清和天皇
おじいちゃんに
任せなさい！

＊ 天皇が幼少のときや女性のときに政務を代行する役職のこと。皇族以外で摂政になったのは、良房が初めてだった。

9世紀末になると良房の養子である藤原基経《もとつね》が権力を握ります
政治はぜーんぶお任せください
藤原 基経
頼んだぞ
光孝天皇(55)
※仁明天皇の息子
彼は高齢な人物を天皇にして自らが政治を行い権力を握るという新しい形をつくります
これが関白[*1]政治の始まりです
光孝天皇の死後即位した左の3人の天皇は
摂政・関白を置かず天皇自ら政治を行う「天皇親政」をとりますが——
律令政治本来の姿に戻そう!
宇多天皇
延喜の治
醍醐天皇
天暦の治
村上天皇
村上天皇の死後は再び藤原氏が摂政・関白となり律令体制は崩壊していきます
またこの律令体制の崩壊に伴い土地を持っている貴族や豪族たちは自分で自分の[*2]土地を守る必要が出てきました

＊1 成人した天皇を補佐して政治を行う役職のこと。
＊2 律令体制のときには、土地は国の所有物なので、所有者である国が守っていたが、律令体制の崩壊で国が土地を守れなくなり、土地の所有者が自分で土地を守る必要が出てきた。

そこで登場するのが「武士」です
地方の有力な豪族は自ら武装して武士となり貴族は武士を雇って自分の土地を守らせたのです
ちなみに10世紀中頃には*1平将門《まさかど》の乱と
ワシが新皇じゃ！
平将門の乱
藤原純友《すみとも》の乱という地方武士の反乱が起こりますが
出世できねーし海賊になるぜ！
それぞれ*2平氏と源氏という武士が平定します
藤原純友の乱
この結果「武士」という存在が国の治安を守るために必要だと認識されるようになるのです

＊1 2つの乱を合わせて「承平・天慶の乱」という。
＊2 武士は自らの勢力拡大のために武士団をつくり、皇族出身の貴族が武士団の統率者（棟梁）になった。それが、桓武天皇の子孫である平氏や、清和天皇の子孫である源氏だった。

③ 10世紀末〜11世紀中期　摂関政治

平安時代前期の最後は
藤原氏が
摂政・関白を独占する
「摂関政治」の時代です
そこで
全盛期を極めるのが
藤原道長・藤原頼通
親子です
藤原道長は
自分の４人の娘たちを
次々に天皇と
結婚させるなどして
政権を独占します
この世をば
わが世とぞ思う
望月の
欠けたることも
なしと思えば
さらに
道長の息子の
藤原頼通は
50年にもわたって
摂政・関白を独占し
栄華を極めたのです

後期	11世紀後期～12世紀後期	院政と武士の時代

①	11世紀後期～12世紀前期	院政開始の時代
②	12世紀後期	平氏政権とその崩壊

平安時代の後期は大きく2つの時期に分けられます

①	11世紀後期～12世紀前期	院政開始の時代

11世紀後期になると後三条天皇が即位して藤原氏の力を弱める政策を行います
しかし百何十年間続いてきた摂政・関白という政治体制を崩すことはできませんでした
*延久の荘園整理令
摂政・関白と距離を置いた政治
第71代 後三条天皇

＊法律違反の荘園を没収するという法律のこと。法律違反の荘園から収入を得ていた藤原氏を弱体化させる狙いがあった。

次に即位したのは
後三条天皇の息子の
白河天皇です
この頃にも
相変わらず藤原氏が
摂政・関白として
政治の実権を
握っていました
自分が
天皇でいる限り
藤原氏の
思い通りに
なってしまう
そう考えた
白河天皇は
ある秘策を
思いつきます
それなら
私は天皇をやめ
上皇になって
政治をすれば
いいのではないか
白河天皇は
まだ8歳の
自分の息子に
天皇の位を譲り
ぐぬぬ…
口出し
できぬ
……
藤原氏
白河上皇
第73代 堀河天皇
自らは「上皇」＊となって
幼い天皇に助言する形で
政治の実権を握ります
これが
院政の
始まりです

＊太上天皇ともいう。

その後
白河上皇は出家し
「白河法皇」＊となり
政治の実権を
握り続けますが
このとき
出雲（島根県）で
源氏の反乱が
起こります
出雲
源義親の乱！
この反乱を
鎮圧したのが
武士（平氏）の
平正盛です
彼は
白河法皇に
実力を認められ
重用されるように
なります
12世紀になると
白河法皇の後を継いで
鳥羽上皇が登場します
鳥羽上皇のもとで
権力を持つのが
平正盛の息子の
平忠盛です
海賊を
やっつけて
日宋貿易の権利を
手に入れたぞ！
ここから
平氏の勢力が
一気に拡大して
いきます

＊出家した上皇のこと。

そして1156年に鳥羽法皇が亡くなると彼が持っていた権力を2人の息子が奪い合います
後白河天皇
崇徳上皇
彼らはそれぞれ*藤原氏・源氏・平氏を味方につけて戦い結果的に後白河天皇の勝利に終わります
ゴゴゴゴゴゴゴッ
源義朝
平清盛
藤原忠通
藤原頼長
平忠正
源為義
保元の乱
こうして後白河天皇側についた平清盛と源義朝が院政をサポートする「院の近臣」として権力を握っていくのです
平清盛
源義朝

＊藤原氏は当初、院政に反発していたが、次第に院政という枠組みの中で出世した方がいいと考えるようになった。

② 12世紀後期 平氏政権とその崩壊

さて平安時代も
ついに最後です
12世紀後期には
保元の乱に勝利した
後白河天皇が
後白河上皇となり
院政を始めます
その頃
「院の近臣」同士で
起こった権力争いに
平清盛が勝利して
権力を握ります
平氏じゃない
ヤツらは
人間じゃない!
ウオオオオオ
平清盛は
貴族の中の最高位である
「太政大臣」に就任し
平氏政権は最盛期を
迎えます
しかし
栄華を極めた
平氏政権を
打倒しようという
動きが起こります
鹿ヶ谷の陰謀です
結果的に
その動きは
平清盛に見つかり
関わった人物は
全員処罰されて
しまいます

さらに平清盛は適当な理由をつけて後白河法皇を幽閉し院政を行えないようにしてしまいます
鹿ケ谷の陰謀にかかわったよな？
幽閉だ！
ええ!!
こうして平清盛は政治の全実権を握り自分の孫を天皇にして政治を思うままに動かそうとしました
しかしその強引な政治に反発したのが後白河法王の息子「以仁王《もちひとおう》」です
平氏を倒せ!!
ゴオ
彼は１１８０年に「平氏打倒の令旨《りょうじ》」という命令を出し源氏たちが挙兵しますがその翌年に平清盛は急死平氏の力も弱体化します
そしてついに１１８５年
源頼朝が派遣した源義経・範頼《のりより》の軍に平氏は倒され滅亡してしまいます
壇の浦の戦い
こうして時代は源氏を中心とした武家政権が誕生する鎌倉時代へ——

3 中世 THE MEDIEVAL RERIOD

⑧鎌倉時代 1185—1333

⑨室町時代 1336—1573

では５つの時期区分の３つ目『中世』を見ていきましょう
『中世』は鎌倉時代・室町時代という２つの時代に分かれます
3 中世
⑧ 鎌倉時代
⑨ 室町時代
『中世』は一言でいうと内乱や反乱で世の中が混乱し
体制の試行錯誤が繰り返された時代といえます
体制・・・？

飛鳥時代から平安時代にかけては名目上は天皇の時代で律令体制の成立と崩壊が起こりました
律令体制
飛鳥時代　律令体制の構築
奈良時代　律令体制の崩壊
平安時代　律令体制の再建と失敗
しかし『中世』になると天皇の時代から武士を中心とした「武家」の時代に変わります
そして「封建制度」という新しい政治体制が出てくるのです
封建制度とは＊主君が家臣に領地を与えて保護し(ご恩)家臣は家来として仕えることを誓い従軍の義務を負う(奉公)制度です
主君
手柄によって新しい領地を与え、保護する
ご恩
家臣
奉公
▲幕府(将軍)
将軍のために命をかけて戦う
▲武士(御家人)
では早速『中世』の始まりである「鎌倉時代」から見ていきましょう

＊将軍や大名。

鎌倉時代

鎌倉時代は１１８５年頃から１３３３年まで約１５０年続く時代です
この時代の特徴は武士が中心となって政治を行ったことです
この鎌倉時代より「朝廷」にあった政治の権力は武士がつくった政治組織である「幕府」へと移っていくのです

鎌倉時代は大きく４つの時期に分けられます

第１期	１２世紀末	鎌倉幕府の成立
第２期	１３世紀前半	執権政治の時代
第３期	１３世紀後半	蒙古襲来から得宗専制政治の時代
第４期	１４世紀前半	鎌倉幕府滅亡の時代

第１期から見ていきましょう

第1期 12世紀末 鎌倉幕府の成立

第1期は源頼朝の時代です
御家人を従わせる軍事・警察を受け持つ
侍所
彼は平氏打倒を行う一方で鎌倉に*御家人を統制する侍所などを設置して鎌倉幕府を開く準備を着々と進めていました
そして1185年平氏を滅ぼすと全国に自分の家来を配置することを朝廷に認めさせます
鎌倉幕府（将軍）
任命
任命
地頭
守護
荘園ごとに置かれ税を取り立てた
国ごとに置かれ軍事や警察の仕事をした
こうして頼朝の権力は全国に及び1192年には朝廷から征夷大将軍に任命されます
関東は任せますよ
後鳥羽天皇
朝廷も幕府も仲良くやりましょう
頼朝
その7年後頼朝は亡くなり第2期へ――

＊ もともとは頼朝の家来の武士を御家人といっていたが、次第に将軍との間で主人と家来の関係を結んだ武士のことをいうようになった。

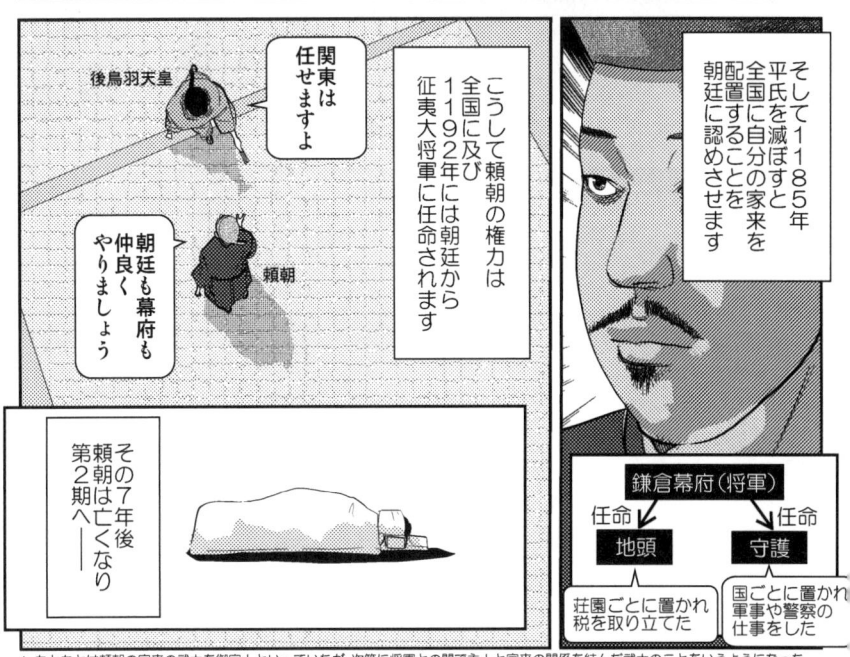

第2期　13世紀前半　執権政治の時代

第2期は
まず頼朝の息子の
源頼家が将軍になります
あーしょう
こーしょう
しかし彼はまだ若く
頼朝のように
カリスマ性もなかったため
有力な御家人たちが合議して
政策を決めるしくみがつくられます
十三人の合議制

すると
次第に御家人たちの中で
権力争いが起きるようになり
御家人の中で
オレが１番だ！
北条 時政
政子
頼朝
頼家
そこで最も権力を握ったのが
頼朝の義父の北条時政でした
時政は「政所《まんどころ》の別当《べっとう》」という
鎌倉幕府の政務を行う長官になり
幕府を意のままに操っていきます
政所の別当は
別名「執権」*と呼ばれました
初代執権！

＊権力を執行する立場なので「執権」と呼ばれた。

そして時政以降も
北条氏が多くの
ライバルたちを
倒しながら
代々「執権」を
世襲していくのです
2代執権
北条 義時
ボクは後鳥羽上皇が起こした承久の乱を鎮圧して幕府が朝廷よりも力を持つ体制をつくったぞ
後鳥羽上皇は隠岐に島流し!
くそ～! 朝廷に権力を取り戻そうとしたのに!
後鳥羽上皇
3代執権
北条 泰時
私は執権による独裁政治ではなく有力な御家人たちの意見も政治に取り入れました
だから不満が起こりにくく政治が安定したんですよ
執権
政策はみんなで決めよう!
連署
評定衆
そして5代執権 北条時頼が執権政治をより確固たるものにし第3期へ――

第3期　13世紀後半　蒙古襲来から得宗専制政治の時代

第3期は大きく前期と後期に分けることができます
前期
8代執権
北条時宗の時代
後期
9代執権
北条貞時の時代
前期の主な出来事は中国の元が日本に攻め込んできたことです
当時元は周囲の国々を次々と服属させており日本にも服属の要求をしてきました
しかし北条時宗は服属を断固拒否し使者の首をはねてしまいます
*元の襲来に備えて異国警固番役を設置しよう！

＊九州の御家人に、「異国警固番役」として、九州北部を警備させた。

服属を拒否した日本に攻め込むぞ！
フビライ＝ハン
こうして日本は元から*1 2度の襲撃を受け――
御家人たちが命がけで応戦します
1回目
1274年 文永の役
戦法の違いに苦しんだものの日本軍は元軍に大きなダメージを与え元軍は撤退
やあやあ我こそは・・・！
戦う前に名乗らんのかいっ！
2回目
1281年 弘安の役
元は約14万人の*2大軍を率いて攻めてきたが大暴風雨が起き撤退

＊1 蒙古襲来(元寇)という。
＊2 文永の役のときは約3万人。

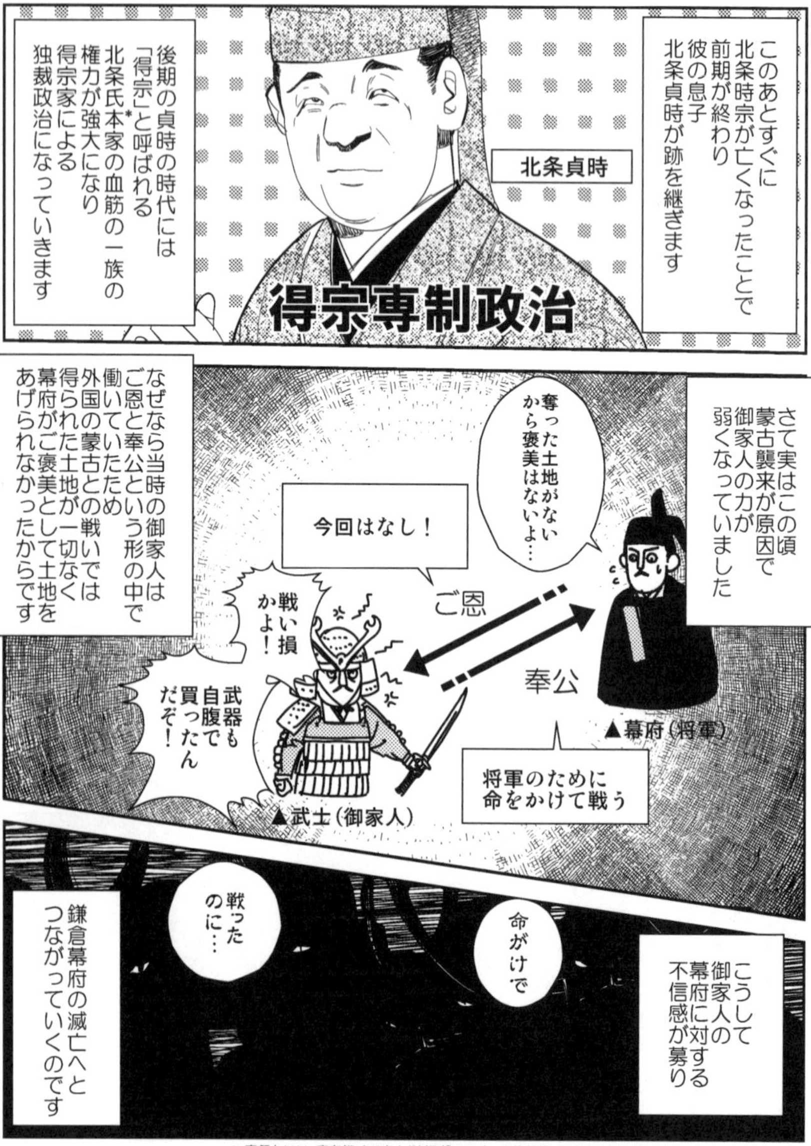
このあとすぐに
北条時宗が亡くなったことで
前期が終わり
彼の息子
北条貞時が跡を継ぎます
北条貞時
得宗専制政治
後期の貞時の時代には
「得宗」＊と呼ばれる
北条氏本家の血筋の一族の
権力が強大になり
得宗家による
独裁政治になっていきます
さて実はこの頃
蒙古襲来が原因で
御家人の力が
弱くなっていました
奪った土地がないから褒美はないよ…
今回はなし！
ご恩
奉公
▲幕府（将軍）
将軍のために命をかけて戦う
戦い損かよ！
武器も自腹で買ったんだぞ！
▲武士（御家人）
なぜなら当時の御家人は
ご恩と奉公という形の中で
働いていたため
外国の蒙古との戦いでは
得られた土地が一切なく
幕府がご褒美として土地を
あげられなかったからです
こうして
御家人の
幕府に対する
不信感が募り
命がけで
戦ったのに…
鎌倉幕府の滅亡へと
つながっていくのです

＊ 家督といい、家を継ぐべき人（跡継ぎ）のこと。6代執権 長時や7代執権 政村は、得宗ではなかった。

第4期 | 14世紀 前半 | 鎌倉幕府滅亡の時代

さて
得宗専制政治が続き
御家人たちが
鎌倉幕府への不満を
高めている頃
朝廷では
次の天皇をめぐって
対立が起きていました
後深草上皇(持明院統)[*1]
亀山天皇(大覚寺統)[*1]
この争いは幕府が仲裁し
結果的に両方の血筋の人物が
交互[*2]に天皇に即位することで
落ち着きます
そこで最初に即位したのが
大覚寺統の後醍醐天皇です
彼は
天皇自ら政治を行う
天皇親政を行おうと
試みます
平安時代の
醍醐天皇を
見習うぞ

＊１「統」は血筋のこと。亀山天皇の血統が大覚寺統、後深草上皇の血統が持明院統。
＊２ 両統迭立という。

そこで政治の実権を握る鎌倉幕府を倒そうと2回の倒幕計画を立てますが――
1324年 正中の変
1331年 元弘の変
オオヺアアッ
――失敗
今ならみんなが幕府に不満を持ってるから倒せると思ったのに
島流しの刑
しかし その島流しに怒ったのが後醍醐天皇の息子 護良親王《もりよししんのう》です
父を島流しにするなんて許せん！倒幕だ！
ゴゴゴ
彼の倒幕命令に呼応して幕府の御家人だった足利尊氏や新田義貞が幕府の重要拠点を攻め落とし――
反旗を翻すぞ！
ガァアアア
ついに鎌倉幕府は滅亡してしまうのです
無念…！
第14代執権 北条高時

その後 島流しから
戻ってきた
後醍醐天皇が再び
天皇に即位し
天皇親政を行いますが
武家政治ではなく
天皇中心の政治に！
建武の新政！
その政治は武士を冷遇する
ものだったため
命がけで倒幕のために戦った
武士たちの不満が募り——
１３３６年
建武の新政に反発した
足利尊氏が
朝廷のある京を制圧し
自らの手で
持明院統の光明天皇を
天皇に即位させます
しかし後醍醐天皇は
天皇を退位せず吉野＊に逃れ
以後60年間２人の天皇が
並び立つことになります
琵琶湖
京都（北朝）
光明天皇
吉野（南朝）
後醍醐天皇
大阪湾
そして
足利尊氏が
室町幕府を成立させる
室町時代へ——

＊今の奈良県。

室町時代

室町時代は1336年から1573年まで約240年続く時代です
この時代も鎌倉時代と同様に武士が権力を握る政権が続きます

室町時代には足利氏による室町幕府の成立と崩壊が起こります

1336

室町時代

南北朝時代 — 約60年間南朝と北朝が対立していた時代

戦国時代 — 約100年間室町幕府の力が弱まり戦乱の世に

1573

この時代の中には南北朝時代と戦国時代も含まれるので注意してくださいね

室町時代は大きく3つの時期に分けられます

第1期	**14世紀後期**	**南北朝の対立と室町幕府が確立する時代**
第2期	**15世紀前期**	**室町幕府が動揺する時代**
第3期	**15世紀後期～16世紀前期**	**戦国時代への突入と室町幕府滅亡の時代**

第1期　14世紀後期　南北朝の対立と室町幕府が確立する時代

1338年
征夷大将軍に任命された
足利尊氏は室町幕府の
初代将軍となります
征夷大将軍に任命する
はい！
光明天皇
足利尊氏
尊氏は当初
弟の足利直義《ただよし》と二人三脚で
政治を行っていました
二頭政治
オレは軍事担当
私は行政担当
尊氏
直義
しかし
やがて二人は対立し
尊氏が直義を
毒殺してしまいます
観応《かんのう》の擾乱《じょうらん》
さてこの頃
室町幕府から
*1「守護」に任命された武士が
その地域の武士たちに
*2年貢や土地の分配を
するようになっていました
守護
ほうびは私が与えよう
地方の土地
ハハ〜ッ
地方の武士

＊1 地方の軍事や警察を担当する職(鎌倉時代P.161参照)。

＊2 本来であれば将軍が直接家来の武士たちに年貢などの褒美を与えなければいけないが、幕府内で争いが起きていたため守護にその役割を丸投げしてしまった。

その結果
守護がその地域を
支配するようになり
「守護大名」となって
力をつけていったのです
将軍は直接
褒美をくれないが
地方武士
守護のために
働けば褒美が
もらえるぞ！
また当時は
尊氏の北朝と
後醍醐天皇の南朝
南朝　後醍醐天皇
北朝　尊氏
旧直義派
そして旧直義派の
三者が対立を
続けていました
やがて14世紀後期になると
南朝と旧直義派の勢力は力を失いますが
北朝では尊氏の孫である
足利義満が第3代将軍になって
権力を拡大します
足利義満
義満はまず
室町幕府に権力を
集中させるために
＊有力な守護大名を
次々と滅ぼします
1390年
土岐康行
討伐じゃ！
1391年
山名氏清
討伐じゃ！

＊土岐康行は、美濃・伊勢・尾張の３ヵ国の守護。山名氏清は、丹波・和泉など１１ヵ国の守護。

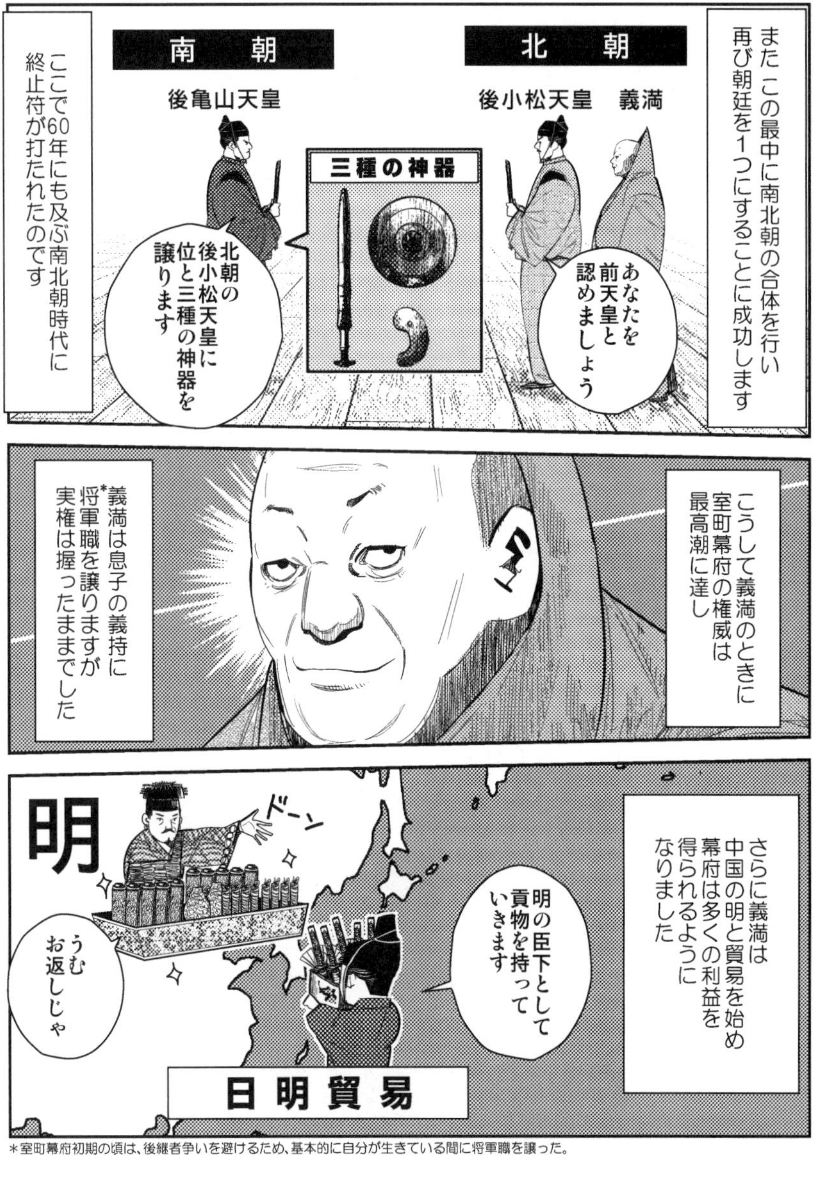
またこの最中に南北朝の合体を行い
再び朝廷を1つにすることに成功します
北朝
後小松天皇　義満
南朝
後亀山天皇
三種の神器
あなたを
前天皇と
認めましょう
北朝の
後小松天皇に
位と三種の神器を
譲ります
ここで60年にも及ぶ南北朝時代に
終止符が打たれたのです
こうして義満のときに
室町幕府の権威は
最高潮に達し
義満は息子の義持に
将軍職*を譲りますが
実権は握ったままでした
さらに義満は
中国の明と貿易を始め
幕府は多くの利益を
得られるように
なりました
明
ドーン
明の臣下として
貢物を持って
いきます
うむ
お返しじゃ
日明貿易

＊室町幕府初期の頃は、後継者争いを避けるため、基本的に自分が生きている間に将軍職を譲った。

第2期　15世紀前期　室町幕府が動揺する時代

第2期の主な将軍は第6代足利義教《よしのり》です
アタリ
彼は第4代将軍足利義持の弟で義持の死後*1くじ引きで将軍に選ばれた人物です
さてこの頃凶作や疫病などの社会不満から
借金帳消しの徳政令を出せ！
守護を国から追い出せー！
オオオオ
1428年 正長の徳政一揆
1429年*2播磨の土一揆
民衆や農民が一揆を起こすようになっていました
これらの一揆は鎮圧されますが幕府の権威低下を怖れた義教は将軍に逆らう者はすべて排除する「恐怖政治」を行うようになります
くじ将軍だからってバカにするなよ…！
ゴゴ

＊1義持の第4人がくじを引いたといわれている。
＊2現在の兵庫県。

これに危機感を抱いたのが
播磨の土一揆を鎮圧した
播磨の守護 赤松満祐《あかまつみつすけ》です
このままでは自分も将軍につぶされてしまうかもしれん……!
そう考えた彼は
なんと義教を
自分の家に招き
暗殺してしまいます
ぎゃああ!
嘉吉の変
この事件以降
室町幕府と将軍の権威は
急速に衰えます
将軍の代替わりの記念に徳政令を出せ!
オオオオオオ
やむをえん徳政令を出そう
京都が占拠された…
義勝
そして第7代将軍
足利義勝の時代には
民衆が起こした一揆に屈し
幕府は徳政令を
出してしまうのです
こうして
将軍の権威は失墜し
第3期へ――
嘉吉の徳政一揆

第3期　15世紀後期～16世紀前期　戦国時代への突入と室町幕府滅亡の時代

8代将軍足利義政のときその後継者の地位をめぐり2人の間で争いが起こります
この応仁の乱は様々な人物たちの＊争いが絡み合い11年も続く大乱へと発展していくのです
応仁の乱
ゴゴゴ
西軍
東軍
足利義視（義政の弟）
足利義尚（義政の息子）
VS
山名持豊・畠山義就・斯波義廉
細川勝元・畠山政長・斯波義敏
結果的に義尚《よしひさ》が将軍となりますが応仁の乱で内部のゴタゴタが続いた室町幕府は全国支配ができなくなっていきます

＊畠山氏・斯波氏の跡継ぎ争いなど。

さて室町幕府の力が弱まると地方では幕府に従わない有力者（守護大名など）が増え自国を独自に支配するようになります
また他国を攻めて領土を広げたり
下剋上!!
家臣が主君を倒したりして新しい支配者も登場します
彼らを戦国大名といい領土拡大のために戦いが繰り返される戦国時代が幕を開けるのです
戦国大名
では早速各地域を支配していた戦国大名を見ていきましょう

東北・関東地方

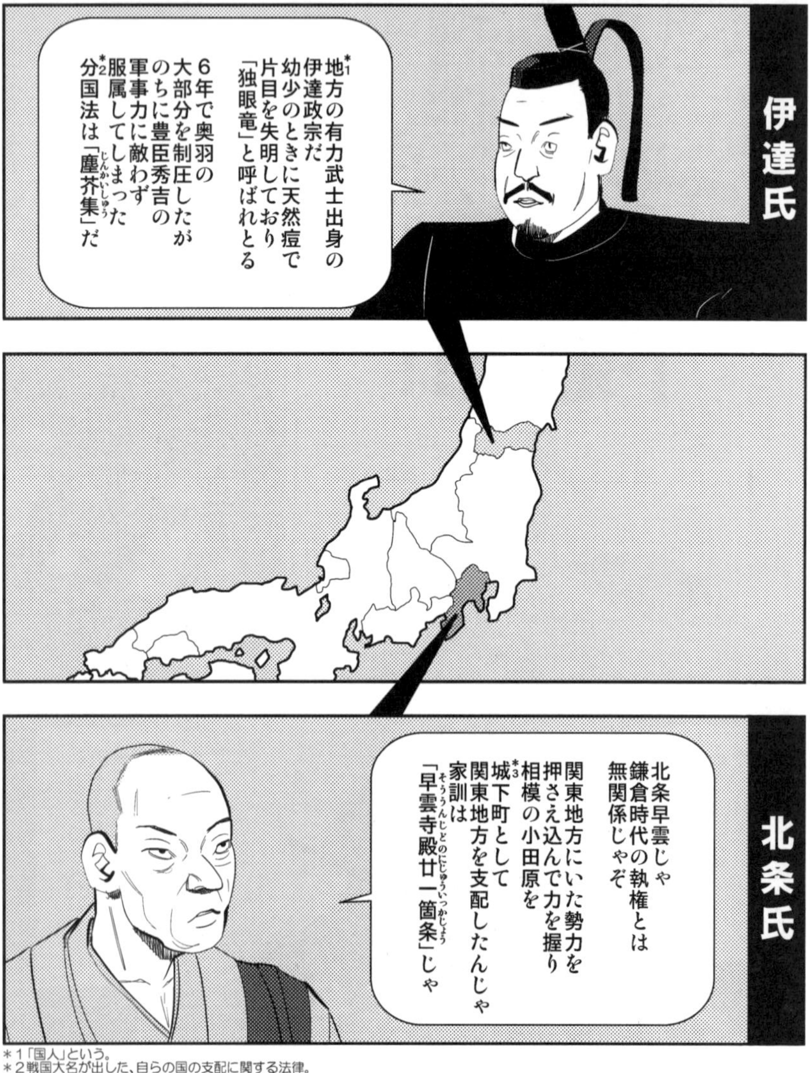
伊達氏
[*1]地方の有力武士出身の伊達政宗だ 幼少のときに天然痘で片目を失明しており「独眼竜」と呼ばれとる 6年で奥羽の大部分を制圧したがのちに豊臣秀吉の軍事力に敵わず服属してしまった [*2]分国法は「塵芥集《じんかいしゅう》」だ
北条氏
北条早雲じゃ 鎌倉時代の執権とは無関係じゃぞ 関東地方にいた勢力を押さえ込んで力を握り 相模の小田原を[*3]城下町として関東地方を支配したんじゃ 家訓は「早雲寺殿廿一箇条《そううんじどのにじゅういっかじょう》」じゃ

＊1「国人」という。
＊2戦国大名が出した、自らの国の支配に関する法律。
＊3大名の居城がある都市のこと。

北陸・中国地方

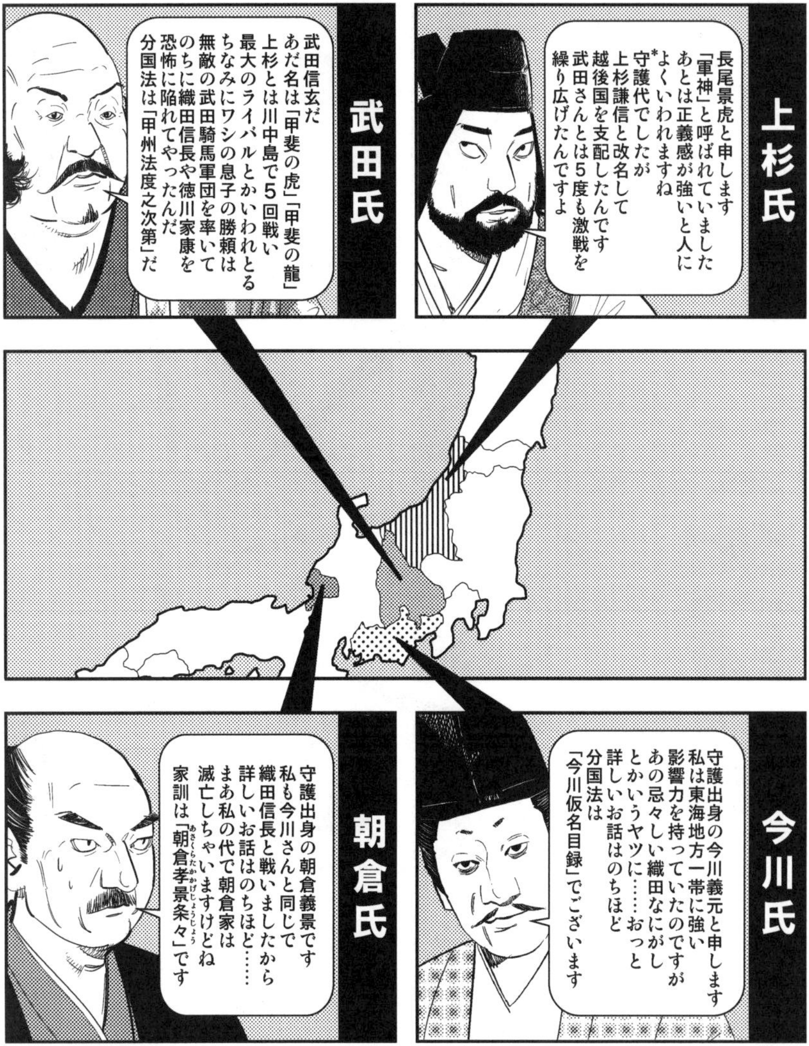
上杉氏
長尾景虎と申します
「軍神」と呼ばれていました
あとは正義感が強いと人によくいわれますね
*守護代でしたが
上杉謙信と改名して
越後国を支配したんです
武田さんとは5度も激戦を
繰り広げたんですよ
武田氏
武田信玄だ
あだ名は「甲斐の虎」「甲斐の龍」
上杉とは川中島で5回戦い
最大のライバルとかいわれとる
ちなみにワシの息子の勝頼は
無敵の武田騎馬軍団を率いて
のちに織田信長や徳川家康を
恐怖に陥れてやったんだ
分国法は「甲州法度之次第」だ
今川氏
守護出身の今川義元と申します
私は東海地方一帯に強い
影響力を持っていたのですが
あの忌々しい織田なにがし
とかいうヤツに……おっと
詳しいお話はのちほど
分国法は
「今川仮名目録」でございます
朝倉氏
守護出身の朝倉義景です
私も今川さんと同じで
織田信長と戦いましたから
詳しいお話はのちほど……
まあ私の代で朝倉家は
滅亡しちゃいますけどね
家訓は「朝倉孝景条々《あさくらたかかげじょうじょう》」です

＊守護の代わりにその国を管理する人物。越後の守護は山内上杉氏だったが、関東での仕事があり普段は鎌倉にいたため、長尾景虎が「守護代」として国をおさめていた。

中国・四国・九州地方

毛利氏
ワシの名は毛利元就 あだ名は「謀神」 戦での駆け引きが上手だったから リスクを負わずに勝てたんじゃ 中国地方を制覇して のちに秀吉とも戦うぞ!
大内氏
守護出身の大内義隆です 私は戦で多くを失い 戦が嫌になったので 文化面に力をいれるようになりましたが 反発した家臣から 下剋上されました… 分国法は「大内氏掟書《おきてがき》」です
大友氏
守護出身の大友宗麟《そうりん》です ドン・フランシスコという名も持ってるキリシタン大名なんです 九州の約半分を支配しましたが 島津サンがスゴイ攻撃してきて 滅亡させられそうだったところに 秀吉サンが来てくれて 島津サンをやっつけてくれました でもワタシ病死しましたねー
長宗我部氏
長宗我部元親と申す 幼い頃は物静かで「姫若子」と呼ばれたが 大人になってからは 戦で結果を残してきた しかし秀吉が四国を 攻めて来たときには 降伏してしまったよ
島津氏
守護出身の島津義久だ 俺は九州で勢力を拡大し 九州随一の戦国大名となった 残る敵は大友氏だけだったが もう少しで倒せそうなところで 秀吉から攻められて 降伏してしまったんだ

4 近世 THE EARLY MODERN RERIOD

⑩ 安土桃山時代 The late 16C

⑪ 江戸時代 1603—1867

では5つの時期区分の4つ目
『近世』について見ていきましょう
4 近世
⑩安土桃山時代
⑪江戸時代
『近世』は安土桃山時代・江戸時代という2つの時代に分かれます
『近世』も『中世』と同様に武士が中心となる時代が続きます

ただ『近世』になると強力な中央政権が登場して日本が統一されていき
平和な時代へと移り変わっていくのです
そして平和な時代だからこそ様々な文化が庶民にも受けいれられるようになります
では早速『近世』の始まりである「安土桃山時代」から見ていきましょう

安土桃山時代

安土桃山時代は16世紀後半の約30年続く時代です
この時代の特徴はかの有名な織田信長と豊臣秀吉が登場し戦国時代に終止符を打ったことです

では2人のカリスマが目指した

16世紀後期	織田信長の時代
16世紀末	豊臣秀吉の時代

天下統一の軌跡を見ていきましょう

16世紀後期 織田信長の時代

織田信長は尾張*の小さな戦国大名である織田信秀の息子として生まれました
織田信秀
信長は小さい頃から汚い身なりをして町で遊びほうけていたため家臣からの評判は最悪なものでした
あんなバカ殿じゃ織田家の未来は危ういぞ…！
しかしそんな信長を父 信秀と教育係の平手政秀だけは暖かく見守っていました
父上！じい！盗んできた桃じゃ！
はっはっは
シャク…

＊今の愛知県西部(名古屋も含む)。

やがて父 信秀が亡くなり信長は18歳のときに家督を継ぎますが粗暴な行動が直らないため
殿 当主としてもっとふさわしい行動を…！
じい うるさいぞ！聞き飽きたわ！
教育係の政秀は何度も信長をいさめますがまったく効果がありません
そしてついに年老いた政秀は遺書を残し切腹をしてしまいます
バカめが！死ぬことないだろ…
自らの死をもって信長の行動を正そうとしたのです
信長は政秀の死を大変いたみ政秀寺を建立して霊をとむらいました
じい 見てろよ
そしてここから信長の全国統一への道が幕を開くのです

この戦乱の世の中で
信長がほかの
戦国大名と
違っていた所は
最初から
全国を統一するという*1
想いを持って
京都*2を目指した点です

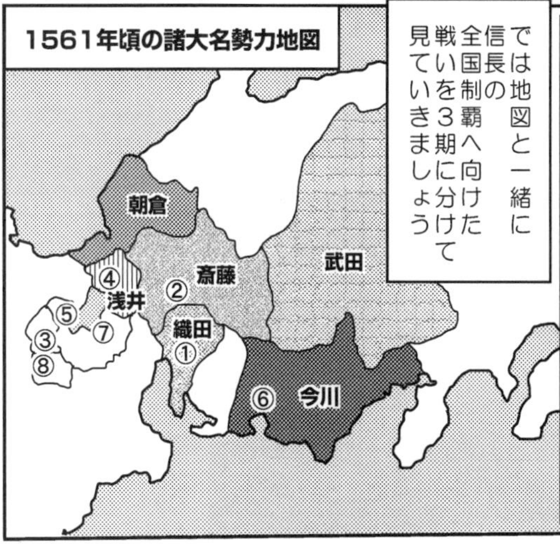
では地図と一緒に
信長の
全国制覇へ向けた
戦いを3期に分けて
見ていきましょう
1561年頃の諸大名勢力地図
朝倉
斎藤
武田
④
浅井
②
⑤
⑦
織田
③
①
⑧
⑥
今川

第1期		
①	1560年	桶狭間の戦い
②	1567年	稲葉山城の戦い
③	1568年	京都に入る
第2期		
④	1570年	姉川の戦い
⑤	1571年	延暦寺焼き討ち
第3期		
⑥	1575年	長篠合戦
⑦	1576年	安土城築城
⑧	1582年	本能寺の変

第1期は
信長が京都にのぼるまでです
まず信長は
1560年の桶狭間の戦いで
今川義元の首を取ったり!!
東海地方*3に
影響力を持っていた
今川義元の
総勢2万5千の軍勢を
たった2千ほどの軍で破り
勝利をおさめます

＊1他人の土地を奪って勢力を拡大したり、下剋上をする戦国大名は多くいたが、信長より先に全国統一を目指した大名はいなかった。
＊2当時の京都には朝廷や室町幕府があり、政治の中心を担っていた。幕府の権威は失墜していたが、将軍という名にはまだ効力があった。
＊3現在の静岡県～愛知県。

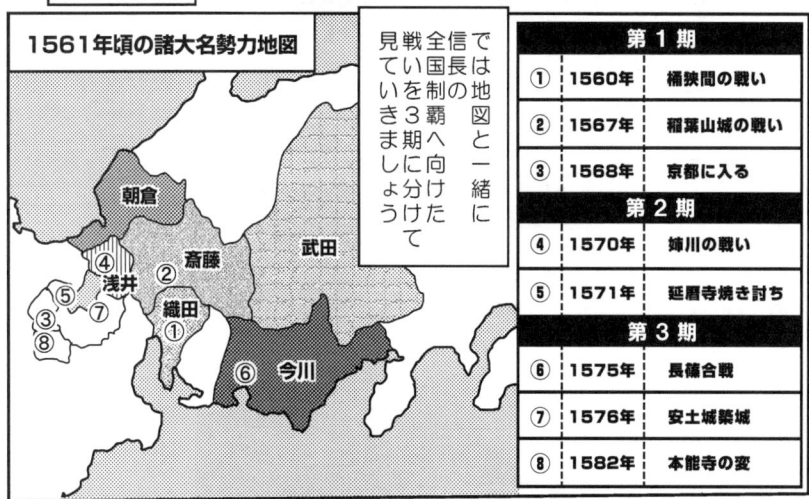

次に美濃*1の斎藤氏を
稲葉山城の戦いで倒し
京都に入る口実を
考えます
このまま京に
入ってはただの
侵略者になる
京から追われた
*2足利義昭を
将軍にするという
名目を立てるか・・・
第1期
① 1560年 桶狭間の戦い
② 1567年 稲葉山城の戦い
③ 1568年 京都に入る
第2期
④ 1570年 姉川の戦い
⑤ 1571年 延暦寺焼き討ち
第3期
⑥ 1575年 長篠合戦
⑦ 1576年 安土城築城
⑧ 1582年 本能寺の変
こうして京都に
堂々と入った信長は
足利義昭を将軍にして
第2期へ——
信長のおかげで
15代将軍となった
義昭ですが
政治の実権は完全に
信長が握っていた
不満を持っていました
ため
そこで義昭は
近江の浅井長政
越前の朝倉義景
比叡山延暦寺などを
味方につけて
信長に対抗します
しかし信長は
姉川の戦いで
浅井氏と朝倉氏を倒し
両氏を助けていた
比叡山延暦寺を
焼き討ちにします
逆らうヤツは
許さん!
ゴオオオオ
そして足利義昭を
京都から追放し
室町幕府を
滅ぼすのです

＊１現在の岐阜県。信長は京都に入るために、尾張より京都に近い美濃に拠点を移した。
＊２このとき、室町幕府の将軍は足利義栄という傍流（主流から外れた）の人物で、松永久秀という人物が政治を操っていた。

こうして京都での対立を制し第3期に入ります
第2期
第3期
⑥ 1575年 長篠合戦
⑦ 1576年 安土城築城
⑧ 1582年 本能寺の変
全国統一をするためには全国で一番強い武将を倒す必要がある——
そう考えた信長は当時最強と謳《うた》われた甲斐*1の武田勝頼に戦いを挑みます長篠合戦です
信長は武田の最強騎馬軍団に鉄砲*2で応戦して見事勝利を獲得し
自分こそが最強の戦国大名だと誇示するため1576年に壮麗な安土城を築きます天下統一は目前でしたしかし——
1582年本能寺にいるところを家臣の明智光秀に襲われ自害を余儀なくされてしまうのです
ゴオオオオオオオッ
本能寺の変

＊1現在の山梨県。
＊2鉄砲は1543年に種子島に流れ着いたポルトガル人によって伝来し、日本の刀職人が改良した。

16世紀末　豊臣秀吉の時代

尾張で誕生した豊臣秀吉は10代の頃から信長に仕えていたといわれています
最初は信長のぞうり取りでしたがその能力を買われ稲葉山城の戦いや姉川の戦いなどで功績を残しどんどん出世しました

では地図と一緒に秀吉が天下を統一するまでの戦いを3期に分けて見ていきましょう

第1期		
①	1582年	山崎の合戦
②	1583年	賤ヶ岳の戦い
③	1584年	小牧・長久手の戦い
第2期		
④	1585年	四国平定
⑤	1587年	九州平定
第3期		
⑥	1590年	小田原攻め
⑦	1590年	奥州平定

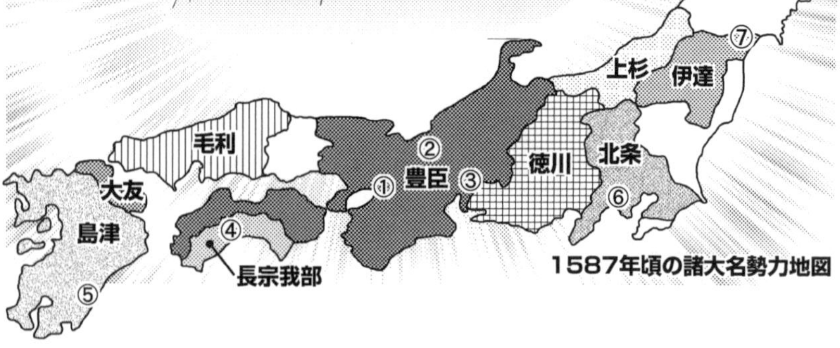
⑦
上杉
伊達
毛利
②
豊臣
徳川
北条
①
③
大友
⑥
島津
④
長宗我部
⑤

1587年頃の諸大名勢力地図

第1期は信長の後継者としての地位を確立する時期です
秀吉が信長の訃報を知ったのは天下統一を急ぐ信長の命令で中国地方の毛利氏と戦っている最中でした
ドドドドドッ
信長様が…！光秀許せん…！
秀吉は毛利氏と和睦すると主君信長のかたきを打つために大急ぎで京都に引き返します
そして本能寺の変からわずか11日後秀吉は光秀を山崎の合戦で倒し信長の後継者候補として名乗りを上げたのです
しかしこのとき後継者の最有力候補は古くから信長に仕えていた家臣として柴田勝家でした
そこで秀吉は勝家を1583年に賤《しず》ケ岳《がたけ》の戦いで破り北陸を平定します
そして自分こそが信長の後継者だと誇示するために壮麗な大坂城をつくるのです

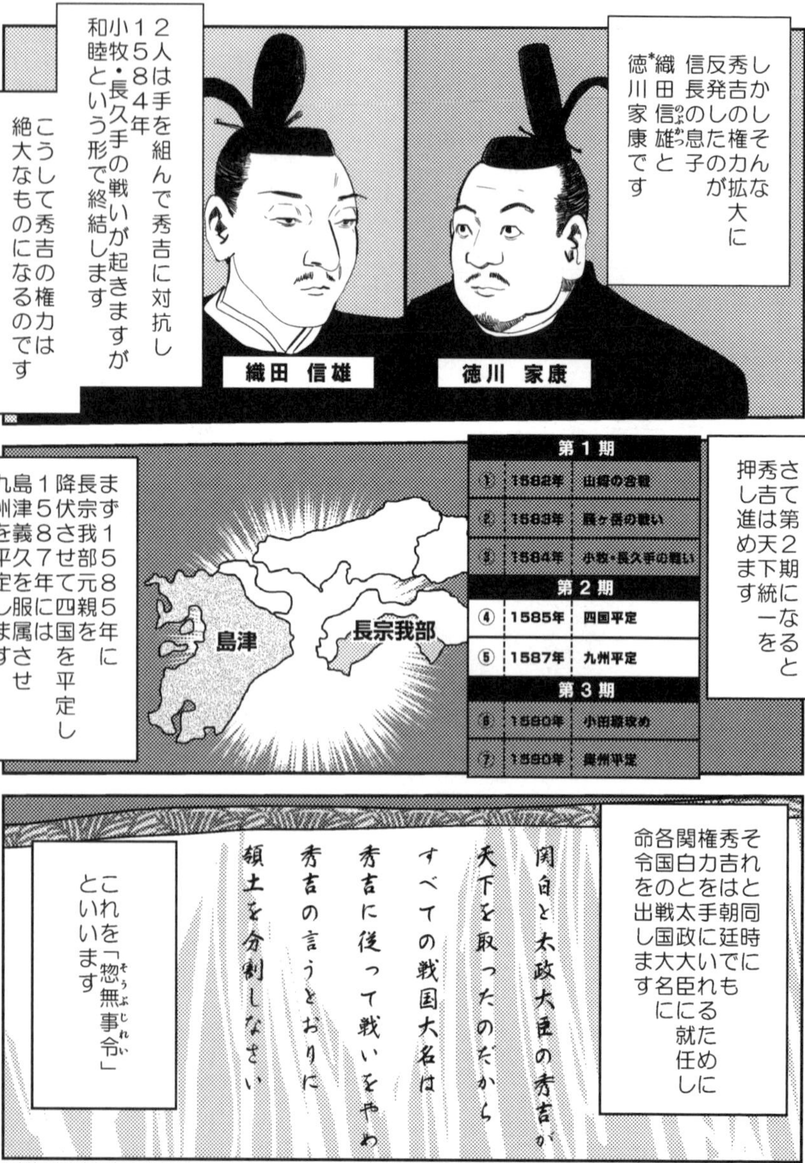
しかしそんな秀吉の権力拡大に反発したのが信長の息子*織田信雄《のぶかつ》と徳川家康です
織田 信雄
徳川 家康
2人は手を組んで秀吉に対抗し1584年小牧・長久手の戦いが起きますが和睦という形で終結します
こうして秀吉の権力は絶大なものになるのです
さて第2期になると秀吉は天下統一を押し進めます
第1期
① 1582年 山崎の合戦
② 1583年 賤ヶ岳の戦い
③ 1584年 小牧・長久手の戦い
第2期
④ 1585年 四国平定
⑤ 1587年 九州平定
第3期
⑥ 1590年 小田原攻め
⑦ 1590年 奥州平定
島津
長宗我部
まず1585年に長宗我部元親を降伏させて四国を平定し1587年には島津義久を服属させ九州を平定します
それと同時に秀吉は朝廷でも権力を手にいれるために関白と太政大臣に就任し各国の戦国大名に命令を出します
関白と太政大臣の秀吉が天下を取ったのだからすべての戦国大名は秀吉に従って戦いをやめ秀吉の言うとおりに領土を分割しなさい
これを「惣無事令《そうぶじれい》」といいます

＊当時の有力大名だった家康は秀吉を倒そうとはおそらく考えておらず、秀吉の政権下で自らのポジションを確立するために起こした戦だったといわれている。

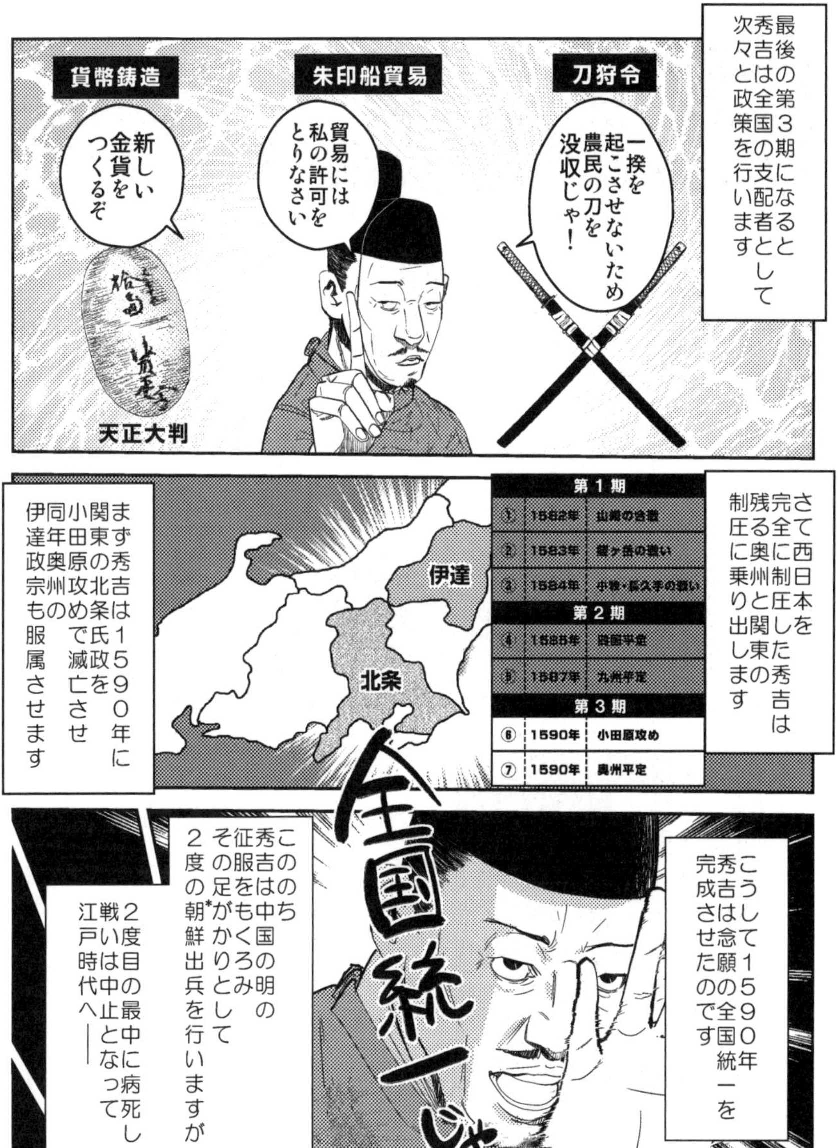
最後の第3期になると秀吉は全国の支配者として次々と政策を行います
刀狩令
一揆を起こさせないため農民の刀を没収じゃ！
朱印船貿易
貿易には私の許可をとりなさい
貨幣鋳造
新しい金貨をつくるぞ
天正大判
さて西日本を完全に制圧した秀吉は残る奥州と関東の制圧に乗り出します
第1期
① 1582年 山崎の合戦
② 1583年 賤ヶ岳の戦い
③ 1584年 小牧・長久手の戦い
第2期
④ 1585年 四国平定
⑤ 1587年 九州平定
第3期
⑥ 1590年 小田原攻め
⑦ 1590年 奥州平定
伊達
北条
まず秀吉は1590年に関東の北条氏政を小田原攻めで滅亡させ同年奥州の伊達政宗も服属させます
こうして1590年秀吉は念願の全国統一を完成させたのです
全国統一じゃあぁ！
こののち秀吉は中国の明の征服をもくろみその足がかりとして2度の*朝鮮出兵を行いますが
2度目の最中に病死し戦いは中止となって江戸時代へ——

＊1度目は文禄の役、2度目は慶長の役という。

江戸時代

江戸時代は1603年から1867年まで約260年続く長い時代です
この時代の特徴は徳川将軍家が日本を統治して長期にわたり平和な世の中が続いたことですが
また鎖国*をしたことで日本独自の文化が発達していきます

さて江戸時代は3つの時期に分けられます

第1期	17世紀	江戸幕府の成立期
第2期	18世紀	江戸幕府の改革期
第3期	19世紀	江戸幕府の滅亡期

早速見ていきましょう

＊外国との貿易や交通を禁止（または極端に制限）すること。

第1期　17世紀　江戸幕府の成立期

17世紀は前半と後半に分けることができます

世紀		政治	将軍・権力者	
17世紀	前半	武断政治	初代　家康	
			2代　秀忠	
			3代　家光	
	後半	文治政治	4代家綱	保科正之
		元禄時代	5代綱吉	堀田正俊 柳沢吉保

前半の「武断政治」とは幕府に従わない人たちを武力で押さえつける政治で初代家康から3代家光の頃まで続きます

まず初代徳川家康は豊臣政権を倒して江戸幕府の体制をつくっていきますその過程を見ていきましょう
秀吉の死後（1598年）家康は秀吉の後継者でまだ幼い豊臣秀頼を無視して自分の思うままに政治を行うようになります

それに反発したのが秀吉の腹心の部下だった石田三成です
豊臣家をないがしろにするとは許せん…！
ゴゴゴッ
彼は家康に反発する大名を集め1600年ついに関ヶ原の戦いが起こりますが――

＊豊臣秀吉は晩年、幼い秀頼をサポートする最高の職として、有力大名5人を「五大老」として任じた。その筆頭が家康だった。

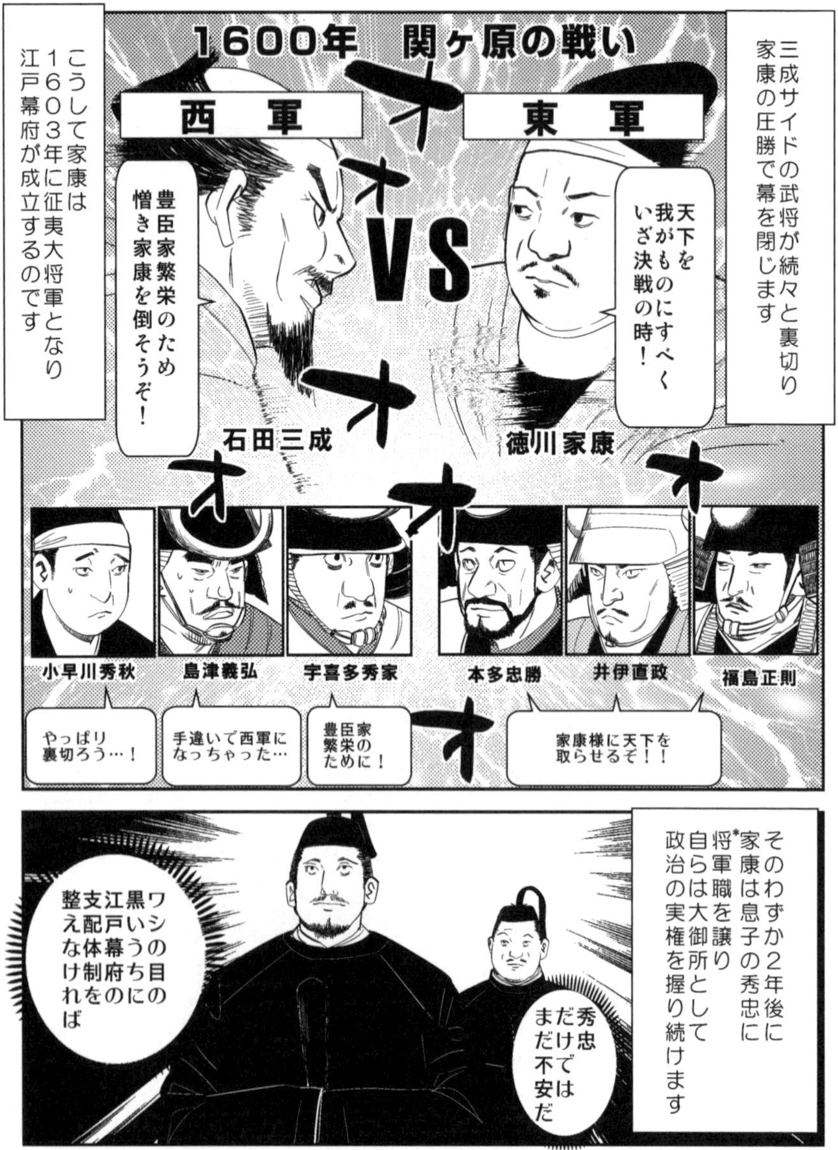
1600年　関ヶ原の戦い
東軍
西軍
天下を我がものにすべくいざ決戦の時！
豊臣家繁栄のため憎き家康を倒そうぞ！
VS
徳川家康
石田三成
オオオオオオオ
福島正則
井伊直政
本多忠勝
家康様に天下を取らせるぞ！！
宇喜多秀家
豊臣家繁栄のために！
島津義弘
手違いで西軍になっちゃった…
小早川秀秋
やっぱり裏切ろう…！
三成サイドの武将が続々と裏切り家康の圧勝で幕を閉じます
こうして家康は1603年に征夷大将軍となり江戸幕府が成立するのです
そのわずか2年後に家康は息子の秀忠に*将軍職を譲り自らは大御所として政治の実権を握り続けます
秀忠だけではまだ不安だ
ワシの目の黒いうちに江戸幕府の支配体制を整えなければ

*当時は権力を世襲する習慣がなかったため、家康自身が権力を握っているうちに将軍職を息子の秀忠に譲り、徳川家が将軍職を代々世襲すると主張する意図があった。

またこの頃 家康は
ヨーロッパとの貿易を
盛んに行い
利益を得ていました
いつも良い品をありがとう
日本からは扇や刀をあげよう
家康
輸出品
刀
扇
輸入品
香辛料
火薬
生糸
アリガトウゴザイマス～
スペイン
イギリス
オランダ
その結果ヨーロッパ人が
キリスト教を布教し
日本にキリシタンが
増えていったのです
やがて3代家光の時代には
九州の島原で
キリシタン農民たちが
無慈悲な年貢の取り立てをする
領主に反発して
大規模な一揆を起こします
1637年 島原の乱
領主を倒せ!
天草 四郎時貞(16歳)
反乱は1年後に
鎮圧されますが
農民たちは猛然と戦い
幕府はかなりの
苦戦を強いられます
そして
この反乱をきっかけに
家光はキリスト教に
関わりのあるものを
すべて*遮断しようとします
「みんな平等」などというキリスト教の精神を受けいれるわけにはいかん!
オランダと清のみ長崎での貿易を認めよう!
こうして
200年以上続く
「鎖国」が
完成するのです

*この反乱以前にも1612年に禁教令(キリスト教の禁止)、1624年にキリスト教の影響の強いスペイン船の来航を禁止するなどの政策はとられていた。

さて17世紀の後半になると幕府の政治が安定し始めます

世紀		政治	将軍・権力者	
17世紀	前半	武断政治	初代　家康	
			2代　秀忠	
			3代　家光	
	後半	文治政治	4代家綱	保料正之
		元禄時代	5代綱吉	堀田正俊 柳沢吉保

後半の最初の将軍は4代家綱ですが彼はまだ11歳だったため*1保科正之が政治を助けます

実はこの頃 幕府の武断政治に反発した*2牢人たちが反乱を企てる事件が起こりました
1651年　慶安の変
武断政治で大名家が潰されて失業だ…!
幕府のやり方は横暴すぎる!牢人たちで反乱を起こそう!
丸橋忠弥
由井正雪
この企ては失敗に終わりますが危機感を抱いた幕府は従来の武断政治から文治政治へと転換していくのです

武断政治
武力で幕府に従わせる強硬な政治
幕府に従え!! 従わなければ罰してやる!!
ははーっ
文治政治
*3儒教や道徳を重視し人々を教え導く政治
身分をわきまえ礼儀正しくしましょう
はい!

*1　2代将軍秀忠の子。家光は急に死去したため、大御所となって息子をサポートすることができなかった。
*2　失業した武士。家光の頃まで続いた武断政治では、反抗した大名家はすぐに取り潰されたため、およそ10万人の牢人がいたといわれる。
*3　仁(いたわりの心)を根本とする、政治などを説いた、孔子を祖とする中国の教説。

次の5代将軍綱吉は主に学問の奨励を行い堀田正俊という人物が中心となって進めます
人々が幕府のいうことを聞くように儒教を広めましょう
うむ 政治に学者の意見もとりいれよう
徳川綱吉
また綱吉は野犬が町に横行しないようにするなどの理由で生類憐みの令を出します
1685年 生類憐みの令
小さな動物を殺しても処罰されるらしいぞ…!
犬専用の施設までつくって10万頭も世話してるらしいな…
その後幕府では側用人*1の柳沢吉保《やなぎさわよしやす》という人物が権力を握りますがこの頃の幕府は深刻な財政難でした
あ
*2 明暦の大火の復興
学問奨励のために投資
野犬の保護
あ
あ
あ
財政難
そこで今までの小判より金の含有量が少ない元禄小判をつくり一時的に幕府の財政はうるおいますが——
今までの小判 金の含有量 87%
少ない金で小判をたくさんつくる!
元禄小判 金の含有量 57%
小判の価値が低いからね…
小判2枚から3枚に値上げです
高っ!
小判の価値が下がったため結果的にものすごいインフレ(物価上昇)を招き人々の生活は苦しくなってしまいます
そして18世紀へ——

＊1 江戸幕府の役職。将軍の側近として将軍の命令を老中に伝達する人。
＊2 4代将軍家綱の頃、1657年に起きた江戸の約55%を焼く大火事。

第2期　18世紀　江戸幕府の改革期

18世紀の政治は4つの時期に分けることができます

世紀		政治	将軍・権力者	
18世紀	前半	正徳の政治	6代家宣 7代家継	新井白石 間部詮房
		享保の改革	8代　吉宗	
	後半	田沼時代	10代家治	田沼意次
		寛政の改革	11代家斉	松平定信

さっそく時期ごとに見ていきましょう

正徳の政治

6代家宣《いえのぶ》と7代家継の時代には*新井白石と側用人の間部《まなべ》詮房《あきふさ》が政治を行います
元禄小判の発行をやめ正徳小判を発行！長崎での外国との貿易を制限！
幕府の財政難を立て直すために2人は奮闘しますが――
7代家継が亡くなると白石と詮房は政治から退き正徳の政治は中途半端に終わってしまいます
新井白石
間部詮房

＊徳川家宣の家庭教師だった。

享保の改革
8代吉宗のときも幕府の財政は苦しいままでした
上げ米
大名たちは幕府に米を上納しなさい
新田開発
新しい田をたくさんつくりなさい
倹約令
無駄遣い禁止！出費をおさえなさい
増税
年貢を今までよりも多くおさめなさい
徳川 吉宗
そこで吉宗は幕府のお金を増やすために主に米*を集める政策を行いますが――
1732年
長雨のせいで稲が育たず
享保の飢饉が起こり
幕府の財政は
再び悪化してしまうのです
吉宗の次は家重が9代将軍となりますが大きな出来事はなく10代家治《いえはる》の時代へ――
徳川家治

＊幕府は米を集めて、それを現金に換えていた。

田沼時代

10代家治のときに政治を行ったのが＊1側用人の田沼《たぬま》意次《おきつぐ》でした
貧しい農民から米を巻き上げるには限度がある
裕福な商人から金を集める政策を考えよう
彼は商業を重視した政策を展開し幕府にお金を集めようとします
田沼 意次

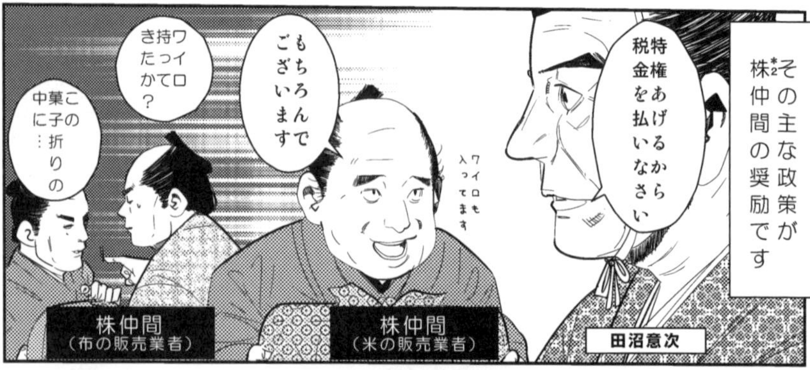
その主な政策が＊2株仲間の奨励です
特権あげるから税金を払いなさい
ワイロも入ってます
もちろんでございます
ワイロ持ってきたか?
この菓子折りの中に…
株仲間（布の販売業者）
株仲間（米の販売業者）
田沼意次

しかし1782年東北地方の冷害が原因で天明の飢饉が起こり
ゴオオオオオ
さらに追い打ちをかけるように浅間山の大噴火も起き
最終的に田沼意次は失脚してしまいます

＊1田沼意次は側用人から老中（将軍に直属し、江戸幕府で最高の地位を持つ執政官）に昇進した。
＊2その商品の独占販売権を持つ、同業者組合のこと。

寛政の改革
次の11代家斉《いえなり》のときは天明の飢饉の影響で幕府は深刻な財政難に陥っていました
幕府立て直しのためにお米やお金を蓄える改革を徹底的に行いますぞ！
徳川家斉
松平定信
そこで家斉の補佐役として政治を行ったのが松平定信*です
倹約令
ぜいたくは禁止！
異学の禁
幕府の学校では朱子学以外を教えるのを禁止！
囲米
全国の大名は飢饉に備えてお米を蓄えなさい！
出版物の取り締まり
風紀を乱す一般の出版物も禁止！
海国兵談
仕懸文庫
しかし厳しすぎる政策に人々の不満が高まり定信はわずか6年で失脚して19世紀へ——

＊8代将軍吉宗の孫。老中となって政治を行った。

第3期　19世紀　江戸幕府の滅亡期

世紀		政治	将軍・権力者	
19世紀	前半	文化・文政時代	11代　家斉	
		天保の改革	12代家慶	水野忠邦
	後半	幕末	13代　家定 14代　家茂 15代　慶喜	

19世紀の政治は3つに分けることができます

文化・文政時代

松平定信の失脚後は11代将軍家斉が自ら政治を行いますが
倹約なんて必要ない！
それはいい加減なもので定信が蓄えたお金やお米を浪費してしまいます

結果的に町人文化は発展していきますが――
東海道中膝栗毛
そんな中１８３３年から１８６３年にわたり大雨や洪水の影響で作物が育たず天保の飢饉が起こるのです

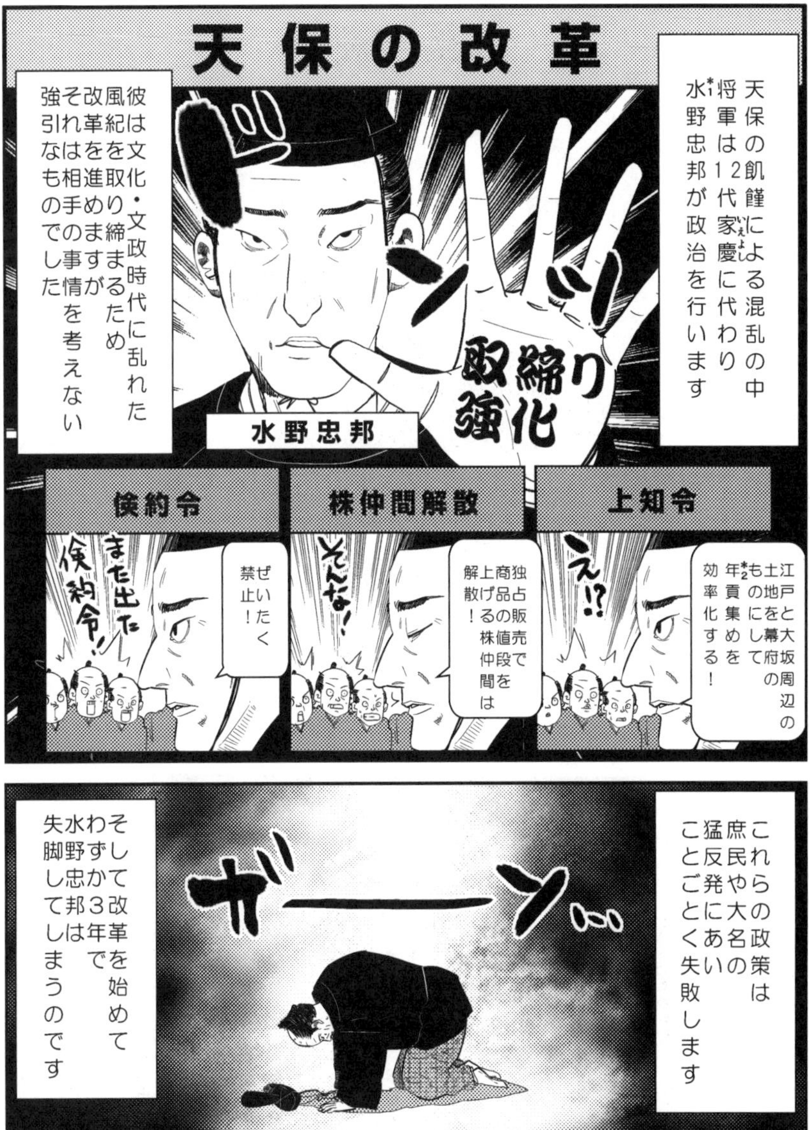

天保の改革
天保の飢饉による混乱の中 将軍は12代家慶《いえよし》に代わり *1水野忠邦が政治を行います
彼は文化・文政時代に乱れた風紀を取り締まるため 改革を進めますが それは相手の事情を考えない 強引なものでした
取締り強化
水野忠邦
上知令
江戸と大坂周辺の土地を幕府のものにして *2年貢集めを効率化する!
え!?
株仲間解散
独占販売で商品の値段を上げる株仲間は解散!
そんな!
倹約令
ぜいたく禁止!
また出た倹約令!!
これらの政策は庶民や大名の猛反発にあい ことごとく失敗します
ガーン…
そして改革を始めてわずか3年で水野忠邦は失脚してしまうのです

＊1浜松藩主。1834年に老中に就任した。
＊2当時、幕府の直轄地は全国にバラバラとあり、その方が全国を監視しやすかったが、年貢を集めるのに手間も費用もかかった。そこで江戸と大坂周辺に幕府の直轄地を集め、年貢集めの効率化をはかった。

幕末

水野忠邦失脚の10年後
1853年にアメリカから
4隻の巨大な黒船を率いて
ペリー*1が浦賀*2に来航します
大統領の国書*3デス
鎖国をやめて
アメリカと
交流しましョウ
1年後にまた来マス
この約20日後
12代将軍家慶が亡くなり
病弱な家定が
13代将軍になりますが
彼は老中の阿部正弘に
政治を丸投げします
阿部正弘は
ペリー来航問題を
朝廷に報告して
大名にも相談*4し――
ザワ
ザワ
どうすれば いいだろう
ここは開国をして
そうだ そうだ
いや 我が国は鎖国を維持して
ザワ
見ただろ あの巨大な黒船
いや しかし
断ったら何されるかわからんぞ
ザワ
ザワ
ついに1854年
幕府は開国を決め
ペリーと「日米和親条約」を
結びます
ヨロシクネー
日米和親条約
1 下田(静岡県)・箱館(北海道)の開港と領事*5を置くこと。
2 アメリカ船に燃料・食料を提供する。
3 難破した乗組員を見つけたら救助する。
4 日本が他国と条約を結んだとき、それと同じだけ良い条件をアメリカに与える。
ドンッ
こうして
約200年続いた
鎖国が終わりを
つげたのです

＊1アメリカ海軍の軍人。　＊2神奈川県。　＊3一国の元首がその国の名をもって発する外交文書のこと。
＊4江戸幕府は、幕藩体制(幕府の政治に対して、朝廷や大名、御家人などに口出しさせないという体制)のおかげで長続きしていたが、このとき、大名たちが幕府の政治に口出しできるベースをつくってしまい、幕府崩壊の原因となった。
＊5外国で自国の通商促進や自国民の保護などを行う国家機関。

やがて14代将軍家茂の時代になるとアメリカは日本と貿易するために「日米修好通商条約」の締結を強く迫ってきます
ヨロシクネー
2つの不平等
日米修好通商条約
1 領事裁判権(治外法権)
日本で犯罪をおかした外国人を裁けるのはその国(外国)の領事である。
2 協定関税(関税自主権の欠如)
日本にはアメリカからの輸入品に自由に税をかける権利がない。
相互の話し合いで決定する。
ハリス
はい…
井伊直弼
このときに大老だった井伊《いい》直弼《なおすけ》はアメリカと戦っても勝てないと思い条約を結びますが――
1860年 桜田門外の変
この不平等条約を結んだことに不満を持った人々が
井伊直弼を殺害
シュッ
天皇の許可なくアメリカに有利な条約を勝手に結ぶなんてありえん!
この桜田門外の変以降は幕府・朝廷・薩摩藩*・長州藩という4つのグループが歴史の流れをつくりますが
それぞれの考え方は事件などに左右されてどんどん変化します
では早速見てみましょう

＊江戸時代に大名が支配した領地とその支配機構。

幕府・朝廷
薩摩藩
長州藩
幕府と朝廷は強い日本をつくるために
攘夷！外国は追い出そう
外国と仲良く…
公武合体！[*1]
結束しますが両者の考えは異なります
安藤信正（幕府）
孝明天皇（朝廷）
薩摩藩の考え方は朝廷と同じ攘夷[*2]ですが
攘夷！
強い日本をつくるために公武合体には賛成です
島津
長州藩の考え方は天皇を中心にして
公武合体反対！
外国排斥を目指す尊王攘夷[*4]です
とりあえず幕府との近づきのしるしに
孝明天皇は妹の和宮を将軍家茂に嫁がせます
和宮降嫁
あるとき大名行列を横切ったイギリス人を
無礼者！
薩摩藩士が切りつける事件が起こります
生麦事件
外国嫌いの長州はあるとき下関海峡を
通過した外国船を砲撃します
しかしあるとき公武合体に反対する人々から
安藤が襲われる事件が起こります
坂下門外の変
同胞を殺傷されたイギリスは薩摩を攻撃
ドーーン
イギリス強すぎ！
このとき薩摩藩の下級武士[*3]が活躍し次第に実権を握ります
薩英戦争
さてこの頃京都で尊王攘夷を唱える長州藩士を
ギャーーッ
公武合体のジャマ！
京都から出ていけ！
幕府や薩摩藩が殺傷して追い出します
安藤は自身の身を案じて失脚
公武合体を唱えると
殺されるかも…
こうして外国の強さを知った薩摩は
外国強いから
追い出すのは無理だね
幕府よりの公武合体に考えを変えるのです
さらに外国から下関での報復をされた長州は攘夷を断念し
ギャーーーッ
長州
イギリス
フランス
アメリカ
オランダ
この頃から下級武士[*5]が力を握るようになります
そこに登場した薩摩藩の島津久光が
オレがやる！
公武合体の続きを行うのです
島津久光
薩摩も下級武士が実権を握ってるぜよ！
同盟を組めば幕府や朝廷・大名にも対抗できる勢力になるぜよ！
坂本龍馬

＊１公家（公）と武士（武）の合体のこと。朝廷と幕府が１つになって強い日本をつくっていこうという考え方のこと。
＊２攘夷論（外国を追い出すという考え）が起こった背景には、この頃外国人が質の良い日本の商品を買い占めたため、日本が品不足となり、人々の生活が苦しくなったという事情がある。　＊３下級武士の西郷隆盛や大久保利通。
＊４尊王論（天皇崇拝思想）と攘夷論（外国人排斥思想）とを結びつけた幕末の水戸藩の思想。
＊５相次ぐ戦いで負けた長州藩は上層部の力が弱まり、下級武士の高杉晋作が実権を握った。

こうして薩摩藩と長州藩は外国との戦いなどを経て「攘夷」が不可能であることを悟ります
薩摩と長州が手を組めば日本を変えられる勢力になるぜよ！
そこに目をつけたのが土佐藩（高知県）の藩士だった坂本龍馬です
彼は対立していた薩摩藩と長州藩に[*1]軍事同盟の密約を結ばせることに成功し[*2]これをきっかけに討幕への動きが高まるのです
1866年　薩長同盟
坂本龍馬
長州藩
桂小五郎
薩摩藩
西郷隆盛
また この薩長同盟と同じ年に将軍が15代慶喜《よしのぶ》に代わります
そして その翌年の10月14日薩長両藩と[*3]岩倉具視《ともみ》が結託して明治天皇に「討幕の密勅」を出させます
幕府を倒しなさい
ありがとうございます
しかしこの討幕に反対したのが坂本龍馬です
倒幕して新政府ができても旧幕府勢力と新政府が対立して争いが起きる外国の脅威がある今は国内でいがみ合ってる場合ではないぜよ！
薩摩藩・
長州藩・
岩倉具視
明治天皇

＊1坂本龍馬は「海援隊」という、船をつくって荷物を運ぶ会社をつくっていた。そこで長州藩に必要な最新の武器を薩摩藩から運び、薩摩藩に必要な米を長州藩から運んだ。
＊2幕府は敵対する長州を罰しようとしていたが、薩長同盟を結んだ薩摩が反対し、幕府と薩摩は決裂した。
＊3京都生まれ。公家（天皇に仕える身分の高い人物）。

そこで龍馬は「討幕の密勅」と同日将軍慶喜に「[*1]大政奉還」をさせます
戦いを避けるために一時的に幕府をなくすのが得策です!
また復活させればいいか…
ぐぐ
徳川慶喜
一方 幕府を倒そうと思っていた朝廷側は幕府がなくなり倒そうにも倒せなくなります
そこで朝廷側は「王政復古の大号令」を出し幕府を完全に廃止にします
幕府も摂政も関白も廃止!天皇を中心とする新政府を樹立する
ええ!!
なにぃ!
徳川慶喜
明治天皇
これにより江戸幕府が滅亡し700年続いた「武家政治」が終わりをつげるのです
ドーン
その後 朝廷は慶喜に引退を要求しますが慶喜は拒否して大坂城にたてこもったため[*2]龍馬が危惧していた日本国内での戦争が起きます
戊辰戦争
ドド
ド
ゴ
この旧幕府軍対新政府軍が激突した戊辰戦争は新政府軍の勝利で幕を閉じ明治時代へ――

＊1 政権を天皇に返上すること。
＊2 このとき坂本龍馬はすでに暗殺されていた。

5 近代・現代 MODERN AGES & THE PRESENT AGE

⑫ 明治時代 1868—1912

⑬ 大正時代 1912/7—1926/12

⑭ 昭和時代 1926/12/25—1989/1/7

⑮ 平成時代 1989/1/8—NOW

では5つの時期区分の最後『近代・現代』について見ていきましょう
5 近代・現代
⑫明治時代
⑬大正時代
⑭昭和時代
⑮平成時代
『近代・現代』は明治時代・大正時代・昭和時代・平成時代という4つの時代に分かれます

『近代・現代』になると武士中心の世の中が終わり
天皇を国の頂点に置いた世の中に変わっていきます

そして外国との関わりの中で急速に近代化が進み資本主義社会になっていくのです
資本主義……
資本主義とは簡単にいうと経済活動が自由な社会制度のことです
今の社会制度と同じってことかぁ
では早速『近代・現代』の始まりである「明治時代」から順に見ていきましょう

明治時代

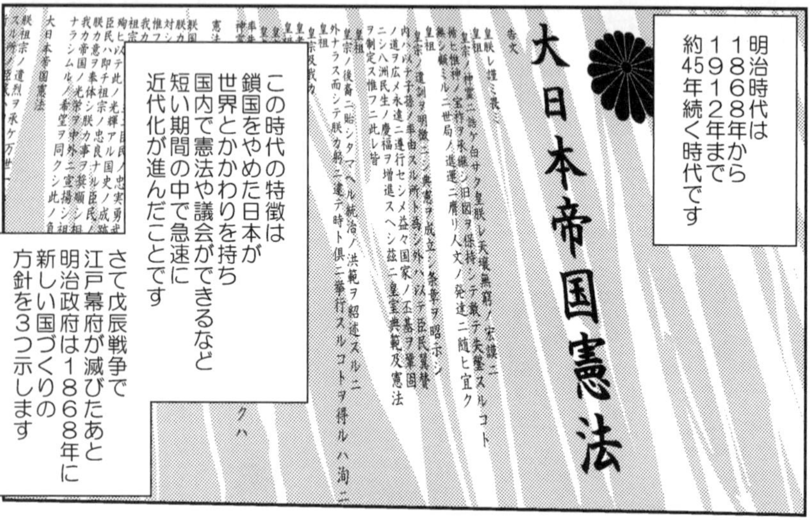

明治時代は1868年から1912年まで約45年続く時代です
大日本帝国憲法
この時代の特徴は鎖国をやめた日本が世界とかかわりを持ち国内で憲法や議会ができるなど短い期間の中で急速に近代化が進んだことです
さて戊辰戦争で江戸幕府が滅びたあと明治政府は1868年に新しい国づくりの方針を3つ示します

五箇条の誓文
重要なことは会議を開いて様々な人の意見を聞いてから決めること
明治天皇
五榜の掲示
キリスト教の禁止
一揆の禁止
オレたち民衆が守ることだって
政体書の発布
太政官制*1
三権分立*2
新しい政治体制だな

＊1 明治政府の最初の頃の最高官庁。今の内閣にあたる。
＊2 民主的な政治を行うために、権力を「立法」「司法」「行政」の3つに分け、それぞれを独立させた仕組み。

さらに明治政府は次々と新しい政策を打ち出して全国を統治する体制を整えます
日本を強い国にするぞ！
この明治初期に行われた一連の改革を「明治維新」といいます
版籍奉還
廃藩置県
四民平等
地租改正
大久保利通
明治維新以降の時代は年代ごとに下の表のように分けられます
次のページに1870年代から1900年代までの重要事項をまとめました
最初は飛ばしてもかまいませんのでお話の流れがわからなくなったらこのページを見て頭を整理してくださいね

年代		国内の出来事	諸外国との関係
1870年	前半	自由民権運動Ⅰ	
	後半	自由民権運動Ⅱ	朝鮮を開国させる
1880年	前半	松方財政	壬午軍乱・甲申事変と天津条約
	後半	内閣制度	
1890年	前半	初期議会	日清戦争
	後半	藩閥と民党の妥協	列強の中国分割
1900年	前半	桂園時代Ⅰ	日露戦争
	後半	桂園時代Ⅱ	韓国併合

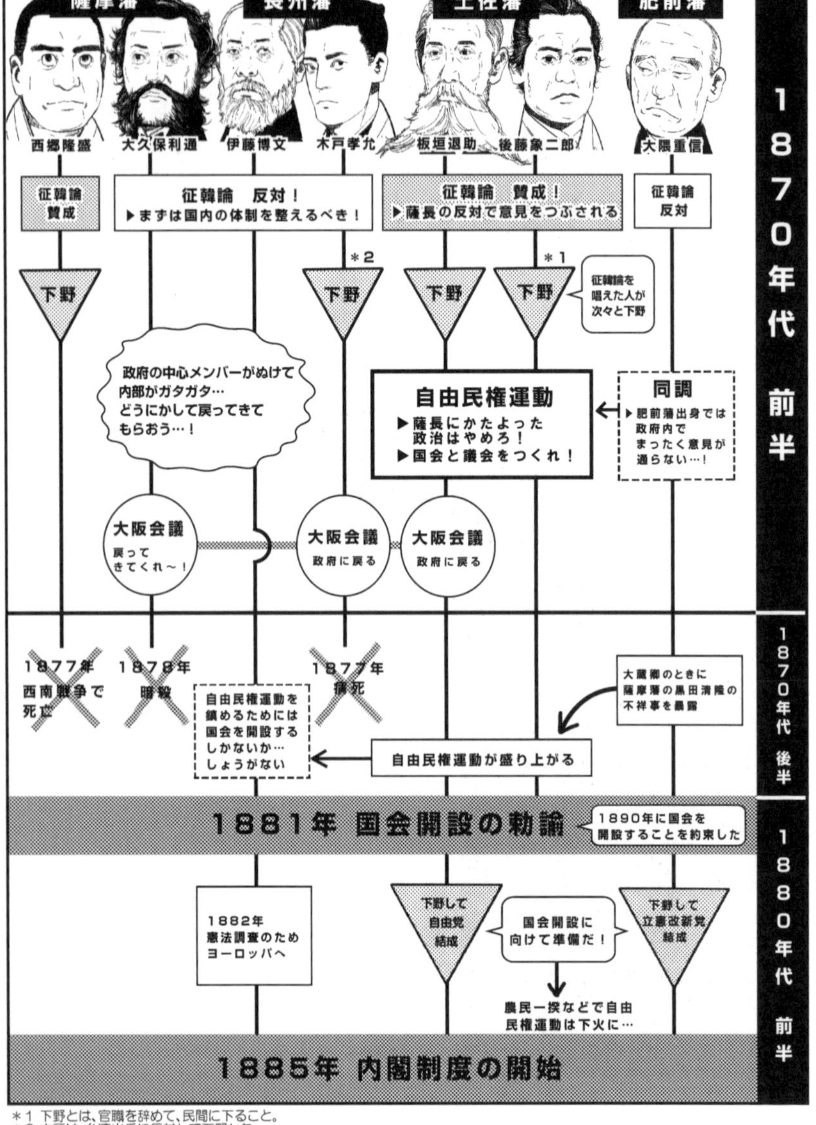

薩摩藩
長州藩
土佐藩
肥前藩
西郷隆盛
大久保利通
伊藤博文
木戸孝允
板垣退助
後藤象二郎
大隈重信
征韓論
賛成
征韓論　反対！
▶まずは国内の体制を整えるべき！
征韓論　賛成！
▶薩長の反対で意見をつぶされる
征韓論
反対
＊2
＊1
下野
下野
下野
下野
征韓論を
唱えた人が
次々と下野
政府の中心メンバーがぬけて
内部がガタガタ…
どうにかして戻ってきて
もらおう…！
自由民権運動
▶薩長にかたよった
政治はやめろ！
▶国会と議会をつくれ！
同調
▶肥前藩出身では
政府内で
まったく意見が
通らない…！
大阪会議
戻って
きてくれ～！
大阪会議
政府に戻る
大阪会議
政府に戻る
1877年
西南戦争で
死亡
1878年
暗殺
1877年
病死
大蔵卿のときに
薩摩藩の黒田清隆の
不祥事を暴露
自由民権運動を
鎮めるためには
国会を開設する
しかないか…
しょうがない
自由民権運動が盛り上がる
1881年 国会開設の勅諭
1890年に国会を
開設することを約束した
1882年
憲法調査のため
ヨーロッパへ
下野して
自由党
結成
国会開設に
向けて準備だ！
下野して
立憲改新党
結成
農民一揆などで自由
民権運動は下火に…
1885年 内閣制度の開始
1870年代前半
1870年代後半
1880年代前半

＊1 下野とは、官職を辞めて、民間に下ること。
＊2 木戸は、台湾出兵に反対して下野した。

1885年 内閣制度の開始

年代	内閣総理大臣	＊		主な出来事	主な政党（民党）の流れ
1880年代後半	初代	長	伊藤博文①	1885年　内閣制度の開始	自由党 1884 解党／立憲改進党 1884 大隈脱党
	2代	薩	黒田清隆	1889年　大日本帝国憲法発布	
1890年代前半	3代	長	山県有朋①	1890年　第一回衆議院議員総選挙で民党が過半数を獲得	1890 立憲自由党 1891 自由党 1891 大隈再入党
	4代	薩	松方正義①	1892年　第二回衆議院議員総選挙で民党が勝利	
	5代	長	伊藤博文②	1894年　日清戦争勃発 1895年　下関条約 1896年　板垣退助入閣（自由党と提携）	
1890年代後半	6代	薩	松方正義②	1896年　大隈重信入閣（進歩党と提携）	1896 進歩党
	7代	長	伊藤博文③	1898年　地租増徴案が否決	民党の大合同 1898 憲政党
	8代	肥	大隈重信①	1898年　初の政党内閣 4ヶ月で退陣	
	9代	長	山県有朋②	1898年　地租増徴案が成立	1898 憲政党 旧自由党系／1898 憲政本党 旧進歩党系
	10代	長	伊藤博文④	1900年 立憲政友会が基盤の内閣	1900 立憲政友会
1900年代	11代	長	桂太郎①	1901年　桂園時代の始まり（桂は山県派） 1902年　日英同盟 1904年　日露戦争 1905年　ポーツマス条約	1903 総裁西園寺公望
	12代	公	西園寺公望①	1906年　立憲政友会が基盤の内閣 （西園寺は伊藤派）	
	13代	長	桂太郎②	1909年　伊藤博文 暗殺 1910年　韓国併合	1910 立憲国民党

＊[長]は長州藩、[薩]は薩摩藩、[肥]は肥前藩、[公]は公家。

1870年	前半	自由民権運動Ⅰ
	後半	自由民権運動Ⅱ

まずは1870年代から1900年代の「国内」の動きを見ていきましょう
明治政府は討幕の際に活躍した4つの藩を中心に構成されていました
政府の中心メンバー
薩摩藩
長州藩
土佐藩
肥前藩
大久保利通
木戸孝允
後藤象二郎
大隈重信
意見が通らない…
西郷隆盛
伊藤博文
板垣退助
しかし政府内では薩摩藩と長州藩の権力がかなり強く土佐藩や肥前藩の意見が通らない状態でした

土佐藩・肥前藩
そんな中 土佐藩や肥前藩を中心に「征韓論」という意見が出てきます
江戸幕府が滅亡して多くの武士が失業[*1]中だ 朝鮮に彼らを派遣[*2]して 朝鮮を開国させよう!
薩摩藩・長州藩
近代化している外国に追いつくには国内の体制を整えることが先決だ!
しかし政府内で強い権力を持つ薩摩藩と長州藩が反対[*3]したため きちんとした議論が行われずにつぶされてしまいます

＊1 政府は武士に「秩禄」という年金のようなものを与えて生活を援助していた。
＊2 この頃、朝鮮は清(中国)の属国(外国の支配下にあること)だった。その清がヨーロッパとの戦争に負けていたため、日本は自国に近い朝鮮が侵略されると日本も危ないと思い、清と朝鮮の関係を断ち切るために開国を迫っていた。
＊3 西郷隆盛は薩摩藩だが、征韓論には賛成だった。一方、大隈重信は肥前藩だが、征韓論には反対だった。

こうして土佐藩や肥前藩の人々の不満が高まり――
話し合いもせずに「征韓論」をつぶすなんてこんな政府辞めてやる！
後藤象二郎
板垣退助
オ
薩長にかたよった政治反対！
国会と議会をつくれ！
オッ
「自由民権運動」が起こるのです
そして1874年には「民撰議院設立建白書」が政府に提出され
国会を設立し国民が選んだ代表による議会の開設を要求する！
ドンッ
自由民権運動は＊全国に広がりますが政府は言論弾圧をしてその動きを封じ込めてしまうのです

＊民撰議院設立建白書が新聞に掲載されたため、全国に広がった。

さて1870年代後半は特権を奪われた武士たちによる反乱*で幕が開きます
廃刀令で刀は没収です
秩禄《ちつろく》処分で武士の手当は全部カットです
なんだと！政府はオレたちを切り捨てるつもりだな
暴れてやる！
ムッ
オィ
オィ
明治政府は反乱を鎮圧しますがその際に莫大なお金を使い財政難に陥ります
そしてこのとき政府の大蔵卿*2だったのが肥前藩の大隈重信でした
この財政難をなんとかしたいのに肥前出身で立場が弱いから意見が通らぬ！ああ国会が欲しいっ！
国会？別にいらないいんじゃない？
オレの意見は通るし。
ムカ
ムカ
長州藩 伊藤博文
大隈重信
政府が1500万かけて開拓した北海道の土地を同郷の商人に39万で売ってあげよう
♪
この財政難のときに何考えてんだ!?
怒った肥前藩と大隈サイドの人間はこの黒田の不祥事を世間に暴露します
大隈重信
薩摩藩　黒田清隆

＊１最大の反乱が、西郷隆盛の西南戦争だった。
＊２国の財政を担当する。

オオッ
黒田がこんなことしようとしてるぞ！
きっとワイロを受けとってるに違いない！
許せん!!
肥前藩・大隈重信の側近
民権派
こうして再び自由民権運動が盛り上がり政府は運動を鎮めるためにとうとう10年後の1890年に国会を開設することを約束します
この騒ぎの責任をとって大隈はクビ！
ええーえ
不正を正したオレがクビ!? 政府に都合が悪いことをしたから追い出すのか！
こうして政府を辞めた大隈重信や板垣退助は「政党」をつくり国会開設に向けて準備を進めるのです
板垣退助
自由党
大隈重信
立憲改進党

1880年	前半	松方財政
	後半	内閣制度

大隈重信がクビになったため
薩摩藩の松方正義が
新しく大蔵卿になりました
この時期の日本は
経済状態が悪く
貧乏な農民が各地で
一揆を起こしていました
農民一揆と
自由民権運動を
一緒に
されたくない！
そこに自由党の一部の過激派が
加わったことで
板垣退助は1884年に
自由党を解党してしまいます
こうして自由民権運動は
どんどん下火になっていくのです

さて1880年代後半になると
国会を開くと約束してしまった政府は
憲法に基づいた政治を行うために
「内閣制度」*1を開始します
1885年
初代内閣総理大臣
長州藩 伊藤博文
大臣は10名中
8名が薩長の人間
[長州]
外務大臣
井上馨
[長州]
内務大臣
山県有朋
[薩摩]
大蔵大臣
松方正義
[薩摩]
陸軍大臣
大山巌
[薩摩]
海軍大臣
西郷従道
[長州]
司法大臣
山田顕義
[薩摩]
文部大臣
森有礼
[土佐]
農商務大臣
谷干城
[幕臣]
逓信大臣
榎本武揚
そして2代目内閣総理大臣 黒田清隆のとき
1889年「大日本帝国憲法」*2が発布されます
これにより日本は近代化への
第一歩を踏み出したのです

＊1 実際に国の政治の中心となり最高の責任を持っている機関を「内閣」という。この頃の内閣総理大臣は実質的に薩長が決めていた。
＊2 主権は天皇にあり、本当に民主的な憲法とはいえなかった。

1890年	前半	初期議会
	後半	藩閥と民党の妥協

1890年代前半には
山県有朋内閣のもと
日本初の衆議院議員総選挙が
行われます
民党
立憲自由党・立憲改進党
VS
藩閥
薩長政府・政府を支持する党
板垣退助
大隈重信
山県有朋
この選挙では「民党」が勝利し
その結果 藩閥の「内閣」と
衆議院議員の過半数以上を占める
民党の「議会」が対立する状態になって
政権が混乱していきます

やがて伊藤博文が
5代目内閣総理大臣に
就任すると
このまま民党と
対立していても
意味がない
重要ポストを与えて
仲間にした方が
得策だ
——と考える
ようになります
そこで自由党*1と手を組み
板垣退助を内相として
入閣させるのです

民党を取り込むことに
成功した伊藤博文は
7代目内閣総理大臣のとき
土地の税金を
上げる法案を
通すぞ!
*2今まで民党が反対して
実現できなかった
「地租増徴」を
行おうとしますが——

＊1 このときには「立憲自由党」は「自由党」に改名している。
＊2 当時は25歳以上の男子で直接国税を15円以上納めている人しか選挙権がなく、その多くは大地主だったため、民党としては自分たちに投票してくれる人が嫌がる政策を成立させるわけにはいかなかった。

自由党と進歩党が
地租増徴を阻止するために
手を組んで「憲政党」を結成し
対抗したため失敗します
憲政党
旧 自由党
旧 進歩党
ドォオオッ
地租増徴断固反対！
この結果
伊藤博文は退陣し
「憲政党」の大隈重信
内閣が誕生しますが——
＊内部で意見が合わず
わずか4ヶ月で退陣します
ぐぬぬ…
第8代内閣総理大臣
大隈重信
内相
板垣退助
すると次の山県有朋内閣は
憲政党と手を組んで
地租増徴案を成立させたり
横暴な振る舞いをし始めます
民党は大隈のときに政権運営を失敗したから文句言えないだろう〜？
手を組んだけど山県のやり方には嫌気がさしてきた……
山県有朋
憲政党
さてここで同じ藩閥の
伊藤博文が山県に反発します
もともと山県と伊藤は
政治観の違いから対立しており
当時の藩閥は山県の派閥と
伊藤の派閥に分かれていました
ゴゴゴゴッ
そこで伊藤は山県のやり方に
嫌気がさしていた憲政党と手を組み
1900年「立憲政友会」内閣が
誕生しますが翌年退陣して
桂園時代へ——

＊もともと自由党と進歩党は考えが一緒ではなく、地租増徴阻止のためだけに結束していたため。

1900年	前半	桂園時代Ⅰ
	後半	桂園時代Ⅱ

この時代は
桂太郎(山県の後継者)と
西園寺公望(伊藤の後継者)が
交互に内閣総理大臣になる時代です
桂太郎
(山県の後継者)
西園寺公望
(伊藤の後継者)
つまり 山県と伊藤の対立が
後継者を通じて続いていったのが
この「桂園時代」なのです

そしてこの時代には
日本とロシアの間で戦争も起こります

では 次ページより
1870年代から1900年代の
日本と外国との関わりを見ていきましょう

年代		国内の出来事	諸外国との関係
1870年	前半	自由民権運動Ⅰ	
	後半	自由民権運動Ⅱ	朝鮮を開国させる
1880年	前半	松方財政	壬午軍乱・甲申事変と天津条約
	後半	内閣制度	
1890年	前半	初期議会	日清戦争
	後半	藩閥と民党の妥協	列強の中国分割
1900年	前半	桂園時代Ⅰ	日露戦争
	後半	桂園時代Ⅱ	韓国併合

今までお話しした国内の動きと
照らし合わせながら学習してくださいね

1870〜1900年　日本と諸外国の関係

1876年 日本は清の属国*1だった朝鮮を開国させます このとき朝鮮国内で「親日派」が登場し
これからは弱い清よりも日本と手を組もう
親日派
ヌオオ
VS
オオ
いーや今までどおり清との関係を続けるべきだ!
親清派
1880年代になると「親日派」と「親清派」が対立してクーデターを起こすようになります
それに介入した日本と清が対峙しますが戦争は避けたいと思う両国の事情により「天津条約」が結ばれます
天津条約
ギュッ
清
日本
しかし1894年に朝鮮半島で起きた反乱をきっかけに再び日本と清は対峙し――
とうとう日清戦争に突入してしまうのです
この戦争は最新の武器を持っていた日本が勝利し下関条約を結びます
清は朝鮮の独立を認めなさい
賠償金を支払いなさい
日本に遼東半島*2などをよこしなさい
陸奥宗光
伊藤博文
1895年　下関条約
こうして清に勝利した日本は世界へ自国の力を示すことになったのです

＊1 外国の支配下にあること。
＊2 ロシア・ドイツ・フランスが「遼東半島は清に返せ」と要求してきたため（三国干渉）、日本はその要求に従ったが、後にロシアは遼東半島を自国の領土にしてしまった。

さて　１８９０年代後半になると
ヨーロッパの国々がどんどん清を
植民地化していきます
それに反発した清は
日本・ヨーロッパなどの
８*カ国連合軍と戦いますが敗北し
北清事変
北京議定書で
連合軍に謝罪します
この北清事変で
日本は大活躍しましたが
北京議定書ではほとんど何も
手にいれることができませんでした
しかしロシアは満州を
手にいれてしまいます
こうして日本のロシアに対する
反感が高まり
１９０４年
日露戦争が勃発します
ロシアによるアジア侵略を
警戒していた
イギリス・アメリカは
日本を応援しますが
日本とロシアは共に
国内の状況が悪化したため
１９０５年に
ポーツマス条約を結び
仲直りします
またこの頃 日本は世界から
韓国を保護国化することを認められ
外交権や内政権を握ります
1905年　ポーツマス条約
戦争で
お金を
使いすぎて
破産寸前……
革命で国内が
混乱していて
戦争してる
場合じゃない
日本
小村寿太郎
仲介役　アメリカ
セオドア＝ローズヴェルト
ロシア
ウィッテ
そして１９０９年
伊藤博文が韓国で
暗殺されたことをきっかけに
その翌年 日本は韓国を
自国の領土にするのです
韓国併合

＊ 日本・イタリア・オーストリア・フランス・ドイツ・ロシア・アメリカ・イギリスの8ヵ国。

大正時代

大正時代は1912年から1926年までの15年間という短い時代です
藩閥中心の政治反対！
この時代の特徴は*1藩閥政治を打倒し政党政治を目指す護憲運動などが活発に行われたことです
また関東大震災などの影響で恐慌*2が起こり国内が混乱します
さて次のページを見てください大正時代は5つの時期に分けられ総勢11人の内閣総理大臣が登場します
この一覧表はお話を聞いたあとで頭を整理するために使ってくださいね

＊1藩閥政治とは、薩摩藩・長州藩出身の政治家が政権を独占して行った政治のこと。
＊2景気が一挙に後退すること。企業が倒産し、失業者が増える。

年代	時期	内閣総理大臣		主な出来事	主な政党（民党）の流れ
1910年代前期	①第一次護憲運動の時期	14代	西園寺　公望②	1912年 中華民国建国	1900 立憲政友会 1910 立憲国民党
		15代	桂　太郎③	1912年 第一次護憲運動 1913年 大正政変	1913 立憲同志会
		16代	山本　権兵衛①	1914年 ジーメンス事件	
1910年代中期	②第一次世界大戦の時期	17代	大隈　重信②	1914年 第一次世界大戦開戦 1915年 二十一ヵ条の要求	
		18代	寺内　正毅	1918年 各地で米騒動 シベリア出兵	1916 憲政会
1910年代後期	③立憲政友会内閣の時期	19代	原　敬	1918年 第一次世界大戦終結 1919年 パリ講和会議 1920年 国際連盟発足	
1920年代前期		20代	高橋　是清	1921年～1922年 ワシントン会議	
	④関東大震災の時期	21代	加藤　友三郎	1922年 シベリア出兵から撤兵	1922 革新倶楽部
		22代	山本　権兵衛②	1923年 関東大震災	
1920年代中期	⑤第二次護憲運動の時期	23代	清浦　奎吾	1924年 第二次護憲運動	
		24代	加藤　高明①	1925年 普通選挙法 治安維持法制定	

1910年代　前期　第一次護憲運動の時期

明治時代から続く桂園時代の中第二次西園寺内閣が誕生しますが――
陸軍大臣と対立して退陣に追い込まれてしまいます
次に登場する第三次桂内閣は議*会を軽視した政治を行ったため
閥族打破！憲政擁護！
憲法に基づいた政治を守ろう！
閥族（薩摩・長州）を打破しよう！
立憲政友会
尾崎行雄
立憲国民党
犬養毅
それに反発した政党が第一次護憲運動を起こします
護憲運動は全国的に拡大・激化しデモ隊が新聞社を襲撃したり国会を取り囲んだため桂内閣はわずか50日で退陣します
オオオオオ
次に内閣総理大臣になった海軍大将の山本権兵衛は護憲運動の中心だった立憲政友会と手を組み藩閥にとって都合が悪い政治を行います
ジーメンス事件
海軍出身の山本も責任をとれ！
そのため反発した藩閥から海軍のワイロ疑惑を暴露されて退陣に追い込まれてしまいます

＊桂は山県派の人間なので超然主義（政府は議会や政党の意見は聞く必要がないという立場）だった。

1910年代　中期　第一次世界大戦の時期

次の大隈重信内閣のとき*1
ヨーロッパを中心とした第一次世界大戦が始まります
1914年　第一次世界大戦
三国協商（連合国）
三国同盟
その他の連合国
ロシア
フランス
イギリス
VS
オーストリア＝ハンガリー
のちに三国協商側に寝返る
ドイツ
イタリア
日英同盟
VS
中国にあるドイツの領土を奪う絶好のチャンス！
日本
二十一カ条の要求
中国
日英同盟を結んでいたイギリス側に日本はつき
ドイツが支配する中国の青島《チンタオ》などを奪うことに成功します
二十一カ条の要求
青島・山東省のドイツ権益の譲渡
旅順・大連などの租借期限の延長
さらに中国に対して二十一カ条の要求をつきつけほとんどの要求を認めさせますが――
袁世凱
大隈重信
この要求は日本の独断で行ったため諸外国から非難されてしまいます
1916年　第4次日露協約
権益*2とかを認めてください
イイヨ
ロシア
日本
そこで日本は第一次世界大戦中に行ったことを外国に認めてもらうために尽力します

＊1 大隈は政界を退いていたが、閥族を内閣総理大臣にすると護憲運動が再燃すると考えた元老たちが国民的人気の高かった大隈を政界に呼び戻した。

＊2 権利と利益。ある国が他国内に持つ特殊な権利と利益を特殊権益という。

それは次の寺内正毅《まさたけ》内閣にも引き継がれ
*1これで日本の特殊権益は確実なものとなったぞ！
1917年 日英覚書
英
日本の特殊権益認めマス
米
1917年 石井・ランシング協定
寺内正毅
日本は戦争で多くの権益を手にいれて国内の景気も良くなりますがここで問題が起こります
実はこの頃ロシアが革命により社会主義国になったのです
*自国でも革命が起きることを危惧した米・英・仏・日はロシア革命を邪魔するためにシベリアに出兵します
ザッ
その結果日本では兵士の食糧となる米がたくさん必要になり
そこに目をつけた米商人が米を買い占めて市民にも高く売りつけたため
米の買い占め反対！
米の値上げ反対！
市民の生活は苦しくなりとうとう「米騒動」が起こります
寺内内閣は軍隊を使って米騒動を鎮圧しますがその行為に国民や国会が反発して退陣となります

＊当時、米・英・仏・日は特権階級や資本家が力を持っており、市民との貧富の差がかなりあった。そのため、ロシアのように「みんな平等」である社会主義国家を目指す革命が起きることを危惧した。

1910年代	後期	立憲政友会内閣の時期
1920年代	前期	

次の原敬《はらたかし》[*1]内閣のとき連合国の勝利で第一次世界大戦が終了します
1919年6月 ヴェルサイユ条約での日本の特殊権益について
1.山東半島の旧ドイツ権益継承、承認
2.赤道以北旧ドイツ領南洋諸島の委任統治、承認
そして[*2]パリ講和会議でヴェルサイユ条約が結ばれ日本の特殊権益が承認されます
ドイツ首相
しかし1920年になると日本国内で戦後恐慌が起こり
戦争中は日本がアジア市場を独占できたけど
戦争が終わってヨーロッパがアジア市場に復帰したから日本の商品が売れなくなっちゃった…
原 敬内閣総理大臣
そんな中[*3]政治腐敗への怒りを爆発させた青年によって原敬が刺殺されてしまいます
次に発足した高橋是清内閣のときには国際平和の名のもとにワシントン会議が開かれますが
1921年　ワシントン会議
▶日本の海軍の軍備縮小
▶二十一カ条の要求の一部を廃棄
調子にのんなよ…！
フランス
イギリス
アメリカ
列強諸国
この会議の本当の目的は列強諸国が強くなった日本の力を押さえ込むことでした

＊1政府の人気がなくなり、支持率も落ちたため、元老は政党の立憲政友会の党首・原敬を内閣総理大臣に選出した。
＊2第一次世界大戦の戦後処理のための国際会議。日本も戦勝国として出席した。翌年「国際連盟」が誕生する。
＊3この頃、立憲政友会の金銭スキャンダルなどが暴露された。

1920年代 前期 関東大震災の時期

1922年に第21代内閣総理大臣となった*1加藤友三郎は翌年に急死し
後任の内閣総理大臣に山本権兵衛が就任しようとしますが
その矢先に関東大震災が発生します
1923年9月1日
▶マグニチュード7.9
▶死者約10万人以上
戦後恐慌が続く当時の日本に追い打ちをかけるように震災恐慌が起き深刻な打撃を受けた日本経済はこれ以降も長い不況の時代が続くことになるのです
虎の門事件
犯人 難波大助
この社会不安が広がる中東京の虎ノ門で*2摂政宮《せっしょうのみや》が撃たれるという事件が起きこの責任をとって山本内閣は退陣します

＊１加藤はワシントン条約後の軍縮と、シベリア撤兵を行った。
＊２のちの昭和天皇。

1920年代　中期　第二次護憲運動の時期

次の清浦奎吾内閣は議会も国民も無視した政治を進めたため
内閣打倒！政党政治を目指そう！
護憲三派
それなら解散総選挙だ！
3つの政党が反発し1924年に第二次護憲運動が始まります
立憲政友会 高橋是清
革新倶楽部 犬養毅
憲政会 加藤高明
内閣総理大臣 清浦奎吾
選挙の結果護憲三派が大勝し護憲三派による連立内閣が誕生します
連立内閣
立憲政友会
憲政会
革新倶楽部
第24代内閣総理大臣 加藤高明
この連立内閣では*「治安維持法」や「普通選挙法」を制定しますが
普通選挙法・治安維持法
社会主義運動は取り締まるぞ！
25歳以上の男子全員に選挙権を与える
その後 政権内部で意見の食い違いが生じて護憲三派は分裂し憲政会の単独内閣となり昭和時代へ――

＊「治安維持法」は、社会主義国家であるソヴィエト連邦と国交を樹立したことで国内の社会主義勢力が運動を起こさないように押さえ込むための法律。「普通選挙法」は、国内で民主主義的改革を求める世論の声が高まったためつくられた法律。

昭和時代

昭和時代は１９２６年から１９８９年まで63年続く時代です
この時代の前半の特徴は軍部の力が強大化したことです
そして日本は太平洋戦争で初めての敗戦と占領を経験しそこから奇跡とまでいわれた経済復興をとげるのです
ですから戦前と戦後では違う時代といっていいくらい日本国内の様子は異なります

さて昭和時代は４つの時期に分けられます

この時代は１９８９年まで続きますが

ここでは１９５６年の戦後の復興までを見ていきましょう

第1期	1926年〜1932年	憲政の常道の時期
第2期	1933年〜1937年	国際連盟脱退から日中戦争開戦までの時期
第3期	1937年〜1945年	日中戦争と太平洋戦争終戦までの時期
第4期	1945年〜1956年	戦後の復興の時期

第1期　1926年～1932年　憲政の常道の時期

内閣総理大臣		政党	主な出来事
24代	加藤高明②	憲政会	
25代	若槻礼次郎①	憲政会	1927年　金融恐慌
26代	田中義一	立憲政友会	1927年　山東出兵
27代	浜口雄幸	立憲民政党（旧憲政会）	1930年　ロンドン海軍軍縮条約
28代	若槻礼次郎②	立憲民政党（旧憲政会）	1931年　満州事変
29代	犬養毅	立憲政友会	1932年　満州国建国

第1期の内閣は6人です

この時期は「憲政の常道」[*1]と呼ばれ「憲政会[*2]（立憲民政党）」と「立憲政友会」が交互に内閣を組織していきます
大正時代の最後に護憲三派が分裂し憲政会の加藤高明の単独内閣になりました
しかしまもなく加藤が総理大臣の任期を残したまま病気で亡くなったため加藤と同じ憲政会の若槻礼次郎が内閣総理大臣となります

＊1 今までは元老たち（主に薩長の総理大臣経験者）が天皇に推薦した人物が総理大臣となっていたが、この時期は衆議院の多数政党が内閣を組織していた。
＊2「憲政会」は昭和に入ると「立憲民政党」に名前が変わる。

この頃の日本はまだ震災恐慌を引きずっており深刻な経済状態でした
それに追い打ちをかけるように1927年になると銀行が次々に潰れていく「金融恐慌」が起こります
オオ
銀行が潰れるって大臣が言ってるらしいぞ！
もうおろせるお金がない…倒産だ
なにっ！潰れる前にお金をおろそう！
○○銀行
この「金融恐慌」に対応できなかった若槻内閣は責任をとって退陣し次に立憲政友会の田中義一内閣が誕生します
田中内閣は主に
2つの政策
――を実施します
1つ目がモラトリアム（支払猶予令）の発令です
銀行からお金をおろすのは3週間待ってください
え――
これは「銀行からお金をおろしてはいけません」という命令で
この間に日本銀行*から各銀行へ融資をしたことで銀行の経営は改善し「金融恐慌」はおさまりました

＊日本銀行は普通の銀行と異なり、お札を発行したり、国のお金を管理したり、銀行にお金を貸し出したりなど、国の金融の役割の中心を果たしている。

2つ目が山東出兵です
この頃の中国は日本の戦国時代のような群雄割拠の時代でしたが
国民政府
蔣介石
その中でも反日派の蔣介石をトップとした国民政府が支持を集めており全土統一を目指していました

蔣介石は日本の権益が多くある満州を支配していた親日派の張作霖に対し日本と手を切るように迫りますが張作霖は拒否します
日本と手を組んでる方が得なんで…
ロシア
張作霖
満州
そこで蔣介石は力づくでいうことを聞かせようと「北伐」を行うのです
張作霖を守らねば！
田中内閣
日本
北伐だ！
日本と手を切らないなら満州に攻め込んでやる！
蔣介石
中華民国

日本は張作霖を守るために「山東出兵」をしますが
やっぱり蒋介石と戦うのは無理かもやめたい…
張作霖
張作霖爆殺事件
次第に張作霖が弱腰になり戦争を放棄しようとしたため満州にいた日本の軍隊である関東軍は独断で張作霖を爆殺してしまいます
そして満州を日本の支配下に置こうとしますが失敗しそのうえ張作霖を殺したのが関東軍の仕業だと判明したのです
これからは共に日本に対抗しよう!
ゴッ
父を殺した日本軍を許せない!
はい
蒋介石
張学良
この結果 満州の全権を握ることになった張作霖の息子の張学良は日本と手を切り蒋介石と手を結ぶのです
この関東軍の大失態の責任をとり田中内閣は退陣します
ガーーンッ
では次の3内閣は順に4コマ漫画で見ていきましょう

浜口雄幸内閣
[*1]立憲民政党の浜口は景気対策に力を入れますが
恐慌・・・
結果的に昭和恐慌を招いてしまいます
また海軍の反対を押し切ってアメリカ・イギリスと軍縮条約を結びます
軍縮しなさい
ロンドン海軍軍縮条約
そのため海軍や右翼勢力から強い反発を受け――
軍の許可なく軍のことを決めるな！
浜口は右翼の青年に東京駅で狙撃されて重傷を負い
やめよ
任期を残したまま退陣します
若槻礼次郎内閣
そのあとを引き継いだのが若槻です
日本が満州に持っている権利を奪い返そう！
張学良
蔣介石
このとき中国国内では運動が起きていました
満州の権利を守りたい関東軍は
南満州鉄道を爆破して中国軍のせいにしよう・・・
独断で柳条湖事件[*2]を起こし――
中国軍と日本軍の武力衝突が起きます
不景気から脱するため満州の権利を守るのだ！
軍部
若槻は軍部の暴走を抑えようとしますが――
軍部は国民の支持を得て内閣を無視して戦いを続けついに満州全土を占領します
やめよ
こうして軍部の暴走をとめられなかった若槻内閣は総辞職します
ズーン
犬養毅内閣
次は立憲政友会の犬養です
犬養毅
この頃には軍部の力が強大化し政治がやりにくくなっていました
さて1932年関東軍は満州国を建国します
満州は満州民族の国だ！
関東軍
溥儀
しかし犬養は満州国を「国」とは認めず軍部と対立し――
満州国は軍部がつくらせた国だから国際社会は認めないだろう…
犬養毅
五・一五事件で海軍の青年将校たちに
覚悟！
暗殺されてしまうのです

＊1憲政会と政友本党が合体した政党。
＊2関東軍が南満州鉄道を爆破して、それを中国軍の仕業にした事件。これにより、日本が軍隊で中国軍を制圧する口実ができた。

第2期　1933年〜1937年　国際連盟脱退から日中戦争開戦までの時期

第2期になると日本は軍国主義へ突き進みます

この時期の内閣総理大臣は4人です

内閣総理大臣		属性	主な出来事
30代	斎藤 実	海軍	1933年　国際連盟脱退
31代	岡田啓介	海軍	1936年　二・二六事件
32代	広田弘毅	外交官	1936年　日独防共協定
33代	林 銑十郎	陸軍	

犬養毅が暗殺されたあと海軍の内閣が2人続き
そのあとの2人は軍部の機嫌を伺いながら政治を行う内閣になります
斉藤 実
岡田啓介
広田広毅
林銑十郎内閣のときには大きな出来事はありませんでしたのでほかの3人の内閣の出来事を順に見ていきましょう
林 銑十郎

斎藤実内閣
斎藤実は日満議定書で満州国を承認します
満州は立派な国だ！
しかし国際連盟は日本の関東軍が実効支配する満州国を「国」とは認めず
満州国を国とは認めない！
国連
これをきっかけに日本は国連を脱退します
じゃあ脱退します
この頃の日本は満州や朝鮮でビジネスを展開しどんどん景気が良くなっていました
生活が豊かになってきたなぁ
景気が良いと国民は「今の政治は正しい」と考えます
軍部政権はすばらしい！
こうして軍部政権が国民からの支持を得たため日本は軍国化していくのです
岡田啓介内閣
岡田啓介内閣になると日本は国際社会からの孤立を深めます
ワシントン軍縮条約は破棄する！
この頃 軍部の中では派閥争いが起きていました
軍部の力を強化！
天皇中心の政治に！
皇道派
統制派
そんな中 皇道派が政府関係者を次々と暗殺する事件が発生します
二・二六事件
高橋是清殺害
斎藤実殺害
渡辺錠太郎殺害
これ以降誰も軍部の行動をとめられなくなりますます軍部の力が強まります
軍部に逆らうと殺される…
広田弘毅内閣
広田弘毅内閣は軍部に都合の良い政治を行います
*1 軍部大臣現役武官制を復活させます!
うむ
軍部
また国際社会の孤立から脱するためにドイツと連携します
共産主義を打破しよう
*2 防共！
この頃 中国では国民政府と共産党が内戦中でした 日本はそのすきに中国北部の権益拡大を目論みますが
今がチャンス
それに気づいた国民政府は共産党と仲直りして共に日本に対抗していこうと決めます
日本に立ち向かおう
共産党
国民政府

＊1陸軍大臣・海軍大臣は現役の軍人でなければいけないという制度。陸軍や海軍にとって気にいらない内閣の場合、組閣の際に陸軍大臣や海軍大臣を出さなければその内閣は成立できないため、軍の意向を大幅に取りいれる必要があった。
＊2共産主義勢力の侵入・拡大を防ぎとめること。

第3期 1937年〜1945年 日中戦争と太平洋戦争終戦までの時期

第3期は4つの時期に分けられます

	時期	内閣総理大臣
①	日中戦争の時期	近衛文麿・平沼騏一郎
②	第二次世界大戦の時期	阿部信行・米内光政
③	北進・南進の時期	第二次・第三次近衛文麿
④	太平洋戦争開戦から敗戦までの時期	東条英機・小磯国昭・鈴木貫太郎

① 日中戦争の時期　近衛文麿・平沼騏一郎

近衛文麿内閣のとき*日中戦争が勃発します
共産党は悪だ！アジアの平和を守るため戦うぞ
日本
日本を追い出せ！
国民政府・共産党

戦争は日本が有利に進めますが実はアメリカやイギリスが裏で中国を支援していたため中国はなかなか降伏せず戦いが長引いていました
日本が中国で力を持つと我々が中国で持つ利権が日本に奪われる可能性がアル…
次の平沼騏一郎内閣のときにはアメリカが日本に圧力をかけてきます
し…侵略ではありません！
中国への侵略をやめないと日本との貿易やめますヨ？
しかし日本は日中戦争をやめず１９４０年アメリカとの貿易ができなくなってしまいます

＊1937年、突如、北京の郊外で日本軍と中国軍が衝突した盧溝橋事件がきっかけで始まった。

② 第二次世界大戦の時期　阿部信行・米内光政

阿部信行内閣発足後の1939年の9月に第二次世界大戦*1が勃発します
阿部内閣も次の米内内閣もアメリカ・イギリスとの戦争を避けるために第二次世界大戦には不介入の方針をとったため
オ
オ
日本はアメリカ・イギリスと戦う覚悟で資源の豊富な東南アジアに進出すべきだ！
オ
オ
オッ
その消極的な対応に反発した軍部によって潰されてしまいます

③ 北進・南進の時期　第二次・第三次近衛文麿

次の内閣総理大臣 近衛文麿は「新体制運動」を起こします
日本を強い国にするためにヨーロッパで連勝しているドイツを見習い国民組織を結成しよう！
この運動の結果「大政翼賛会」*2ができあがりすべての政党・団体などが大政翼賛会のもとに一元化されることになりました
大政翼賛会
立憲政友会
立憲民政党
町内会
婦人会
青年会
飛行機をつくるために鉄がほしい！
国民みんなで鉄を集めよう！
完成！
このようにして国民全員が一致団結して目標を成し遂げるという体制が整ったのです

＊１ドイツによるポーランド侵攻に対し、イギリス・フランスの対独宣戦で開戦した。
＊２この「大政翼賛会」は結果的にすべての国民が戦争に参加する体制をつくってしまう。

さてこの頃[*1]日本は
フランス領インドシナに
2度進出しますが
主な目的は次の2つです
中国を支援している
アメリカ・イギリスの
支援ルートを断ち切る
石油資源を
確保するぞ！
この仏印進駐によって
日本はアメリカやイギリスを
完全に敵に回すことになり
太平洋戦争へと
突き進んでいくのです
日本め！

④	太平洋戦争開戦から敗戦までの時期	東条英機・小磯国昭・鈴木貫太郎

東条英機内閣のとき
アメリカは日本に対して
「ハル＝ノート」[*2]という
要求を突きつけますが
日本はこれを拒否します
満州事変以前の
日本に戻りなサイ
断れば
交渉は決裂デス
戦わずして
負けるような
条件は飲めない
ならば戦争だ！
東条英機
米国務長官ハル
こうして1941年12月8日
日本軍は米軍基地がある
ハワイの真珠湾を奇襲攻撃し
これをきっかけに
太平洋戦争が始まるのです
当初日本軍は
東南アジアの各地で
勝利[*3]を重ねましたが
半年後にはアメリカ軍の
反撃が始まり
戦局はみるみる悪化します
そんな中 国内では
中学生以下の子どもたち
までもが各地の軍事工場で
働かされるようになります

＊1 この頃も日中戦争は続いていた。
＊2 具体的には、中国・仏印から日本軍の撤退、三国同盟の廃棄など。
＊3 ほとんどが奇襲攻撃だったため東南アジアの大部分を制圧できた。

そして１９４４年７月 ＊１日本の軍略上絶対に支配されてはいけないとされていたサイパン島が陥落します
サイパンが占領され今や日本全土がアメリカ軍の空襲圏内だ
この責任をとる形で東条内閣は退陣します 次の小磯内閣のときにはサイパンから飛び立った米軍機が日本本土への空襲を開始し——
東京大空襲では一晩で10万人もの市民の命が奪われ その後も全国各地が空襲を受け主要都市は壊滅状態となります
もはや日本の敗戦は決定的と感じた小磯は総理の座を鈴木貫太郎に譲ります
そして１９４５年７月 アメリカなどの連合国は日本へ向けてポツダム宣言を出しますが——
日本は無条件降伏しなサイ
日本が態度を決めかねているとアメリカは人類史上初の非人道的行為を行います
１９４５年８月６日に広島へ １９４５年８月９日に長崎へ 原子爆弾を投下したのです
こうして20万人以上の命が奪われた日本は １９４５年８月14日 ついにポツダム宣言を受け入れ 15年にも及ぶ戦争が終結したのです
堪えがたきを堪え 忍びがたきを忍び
昭和天皇による玉音放送＊２

＊１サイパン島からだと爆弾を積んだ飛行機が日本に行き、そのままサイパン島に帰ってくることができた。
＊２当時の国民は、昭和天皇が語った、終戦を知らせる「玉音放送」をラジオで聞き日本が戦争に負けたことを知った。

第4期　1945年〜1956年　戦後の復興の時期

第4期は吉田内閣を中心に日本の復興を見ていきましょう
吉田茂

太平洋戦争で日本が降伏した2週間後アメリカのマッカーサーを司令長官とするGHQ*1が日本を占領します
これからはGHQが日本政府に指導する形で日本を間接統治しマス
マッカーサー

まずは日本を民主化するために五大改革指令を出しまショウ
ド
ンッ
五大改革指令
一　婦人の解放
女性にも選挙権を与える
二　労働組合の結成
労働者の権利の保障
三　教育の自由主義化
軍国主義的な教育や戦争を推進するような教育を禁止
四　圧政的諸制度の撤廃
自由な思想を述べても政府から弾圧されない
五　経済の民主化
農地改革と財閥解体を進める

さらにGHQは「大日本帝国憲法」は民主的ではないとして憲法改正案を出します
日本国憲法
・主権在民
・平和主義
・基本的人権の尊重
・天皇は国民の象徴
それをもとに日本政府が審議し1946年11月3日第一次吉田内閣のとき「日本国憲法」が公布*2されます

＊1連合国軍最高司令官総司令部のこと。
＊2半年後の1947年5月3日に施行された。

さて1950年
第三次吉田内閣のとき
*1朝鮮戦争が勃発します
ゴオオオオオッ
朝鮮民主主義人民共和国（北朝鮮）
ソ連の占領地
軍事境界線
◎ソウル
大韓民国（韓国）
アメリカの占領地
実は1947年頃から
アメリカとソ連は対立し
*2「冷戦」状態だったため
アメリカの占領地である韓国と
ソ連の占領地である北朝鮮の
戦争は両国の代理戦争と
なっていました
この朝鮮戦争がきっかけで
GHQは日本に警察予備隊を
つくらせます
日本を強い国にして味方につけるゾ
またこのとき戦後の復興に
苦しんでいた日本でしたが
朝鮮戦争で米軍から
武器の注文などが大量にきて
景気がどんどん良くなります
武器が大量に必要だ
つくりましょう！
そして
1952年4月28日
ついに日本は独立を果たし
その4年後に
国際連合に加盟します
こうして日本は
国際社会の
一員に復帰し
現代へ――

＊1朝鮮半島は当初日本の植民地だったが日本が太平洋戦争に敗北したことで38度線で分割され、南の大韓民国をアメリカが北の朝鮮民主主義人民共和国をソ連が占領していた。
＊2戦争はしていないが、にらみ合いが続いている状態。

現代

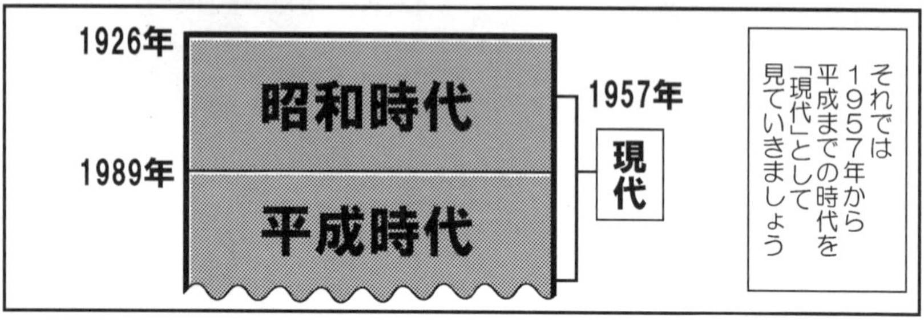
それでは１９５７年から平成までの時代を「現代」として見ていきましょう
1926年
昭和時代
1989年
平成時代
1957年
現代

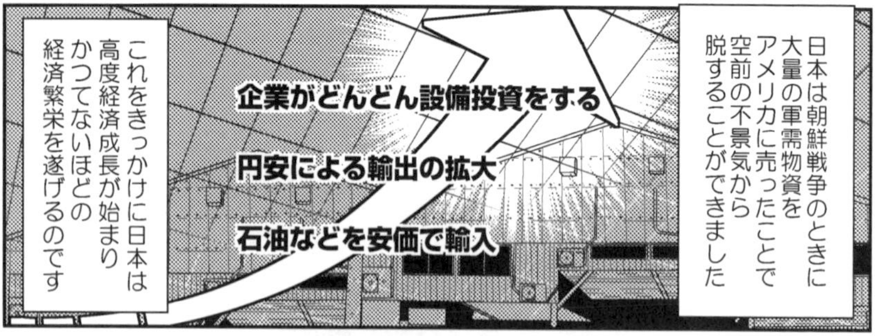
日本は朝鮮戦争のときに大量の軍需物資をアメリカに売ったことで空前の不景気から脱することができました
企業がどんどん設備投資をする
円安による輸出の拡大
石油などを安価で輸入
これをきっかけに日本は高度経済成長が始まりかつてないほどの経済繁栄を遂げるのです

このような好景気の中１９６０年７月に発足した池田勇人内閣は「所得倍増計画」を発表し
10年以内に国民の所得を2倍にしますよ！
この計画は１９６８年に見事に実現し日本の*国民総生産（ＧＮＰ）もアメリカに次いで第２位となるのです

＊簡単にいえば、日本人（海外で働いている人も含む）がどのくらい頑張って商売をして稼いでいるかを数値で表したもの。

1980年代後半になると
土地の値段と株価が
どんどん上昇し日本は
*1バブル経済となります
株で1500万
投資したら
3年で3000万に
なったぞ!
金利が安い今のうちに
借金してでも
土地を買って
高くなったときに
売るぞ!
しかし1990年の
平成時代には
*2バブルが崩壊し
長い平成不況の
時代へ入って
いくのです
平成
現在はある程度
景気は回復しましたが
震災の復興や
少子高齢化問題など
多くの課題が残されています
このようにして
育まれた歴史を
受け継いだ私たちが
また新たな
「日本の歴史」を
つくっていくのです

*1 経済が実力以上に泡(バブル)のように膨らんだ状態のこと。
*2 高くなりすぎた土地の値段を懸念した政府が、銀行に対して不動産向けの融資を減らし、金利を高くするように指導した。これによって土地を所有している人は買い手が見つからなくなり、みるみる土地の値段が下がっていった。

日本史の流れ

各時代をひとことで表すと？

原始

1 先土器時代…日本史のほとんどを占める長～い氷河時代
大型動物が生息，人々は狩猟・漁労・採集

2 縄文時代…温暖化→中小動物の激増→竪穴住居に
定住&弓矢の発明，アニミズム

3 弥生時代…稲作開始→村の誕生→指導者の誕生
→争いの発生→「くに」の形成　※墓の誕生

古代

4 古墳時代…権力者たちによる巨大古墳
皇室の祖先といわれる大王のもとヤマト政権誕生

5 飛鳥時代…仏教伝来→天皇中心の律令体制の成立

6 奈良時代…藤原氏 vs アンチ藤原氏→律令体制の崩壊

7 平安時代…律令制度の再建→藤原氏の摂関政治により失敗
→自分の土地は自分で守る必要→武士登場

中世

8 鎌倉時代…政治権力が朝廷から幕府(武士)へ
封建制度，北条氏による執権政治・得宗専制政治

9 室町時代…足利氏による室町幕府の確立→動揺→
応仁の乱で支配力低下→戦国時代へ

近世

10 安土桃山時代…信長・秀吉が全国を平定

11 江戸時代…徳川幕府による鎖国・幕藩体制の確立
→数々の幕政改革を経て→開国→討幕

近代・現代

12 明治時代…新政権成立→欧米先進国にならった急速な
近代化→世界の列強国に加わる

13 大正時代…民主主義を要求する運動の活発化
第1次世界大戦による好況→経済恐慌

14 昭和時代…政党政治の腐敗と恐慌→軍部の台頭
→大戦争→敗戦→民主主義国家として高度経済成長

15 平成時代…バブル崩壊→長い経済不況
インターネットの普及→社会の大変化

第四講

試験に役立つ勉強法

よし野山
みねのしら雪
ふみわけて
いりにし人の
あとぞ恋しき
（静御前）

さて
みなさんは
これから
入試に向けて
様々な形式の問題を
繰り返し解いていく
「演習」を
すると思います
ただ
日本史の学習に
おいては
「演習」をする前に
次のようなステップを
ふんでほしいのです
STEP 1 理解
STEP 2 定着
STEP 3 演習

STEP 1 理解
重要事項
時代区分
天皇
権力者
政治
前期
中期
後期
まずSTEP1は「理解」です 学校や予備校などの授業を聞いて「なぜそういう出来事が起こったのか」を学ぶことで日本史の理解が深まります
その際 頭を整理するために講義の内容を棚にまとめる習慣をつけましょう

STEP 2 定着
STEP2は「定着」です 知識を「定着」させる一番良い方法は自分でとった講義ノートを何も見ないで頭の中で再現することです
そのあとで『一問一答』などを使い用語が頭の中に入っているかを確認してください

そして最後STEP3が「演習」です
STEP3 演習
問題集などで演習を行うときに最も大切なことは「解説を読まない」ということです
解説を——
読まない!?
もちろん問題集は解説が丁寧に書かれているものが良いですが
問題を解いて間違ったりわからなかったりしても「いきなり」解説を読まないでほしいのです
よくわかる
日本史
参考書

どういうことかな…
みなさんは優れた問題集の解説を読むと
ただ読んでいるだけなのにわかった気になりませんか？
完璧！
しかしそれでは知識はまったく定着していません
日本史の力をつけるためには次のような手順で問題集を解くことが大切です
〜問題集の解き方〜
①問題を解く。
②答え合わせをする。
このときはまだ解説を読まない
③間違った問題の答えがどうしてそうなるのかを、教科書や自分の講義ノートなどを見て、頭の中でじっくり考える。
④自分の中で答えの根拠がはっきりしたら、そのときに初めて解説を読み、「自分の考えた根拠」と「正解の解説」に相違がないか確認する。

つまり自分で正解を導き出す力を養うことが大切なのです
このような演習をするためにはすべての設問について詳しい解説が掲載してある問題集を選ぶ必要があります
ぜひみなさんも書店で問題集を見比べて自分のレベルに合ったベストなものを選んでくださいね
どの解説がわかりやすいかな…
日本史
ではこれから入試に頻出する3つの問題形式ごとの「学習法」をお話ししましょう
演習をするときに実践してくださいね
①正誤判定問題
②記述問題
③論述問題

①正誤判定問題

正誤判定問題は問題文や選択肢の誤りを発見するものです
マークシートタイプの問題が多いですね
この問題を攻略するうえで最も大切なことは『一問一答』などを解き用語の知識を身につけ誤りの選択肢にたくさん触れることです
誤りの選択肢は訓練しなければ見抜けるようになりませんからね
日本史B
一問一答
金谷俊一郎
「必修」知識だけを大厳選!!
すべてはここから出る!!
金谷俊一郎

また過去問などで正誤判定問題を学習する場合間違った問題についてはいきなり解説を読まず自分で「正解の根拠」を考えましょう
享保の改革の問題だから…
ノートの江戸時代のところにはっておこう
それでもわからなかった問題はコピーをして自分のノートに貼っておくといつでも確認できるので自然と頭に入りますよ

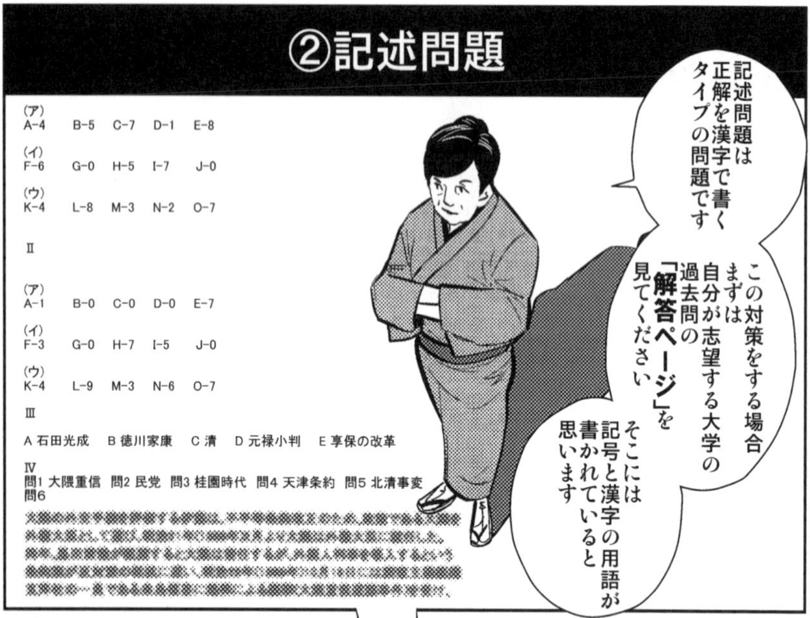

②記述問題
記述問題は正解を漢字で書くタイプの問題です
この対策をする場合まずは自分が志望する大学の過去問の「解答ページ」を見てください
そこには記号と漢字の用語が書かれていると思います
(ア)
A-4 B-5 C-7 D-1 E-8
(イ)
F-6 G-0 H-5 I-7 J-0
(ウ)
K-4 L-8 M-3 N-2 O-7
Ⅱ
(ア)
A-1 B-0 C-0 D-0 E-7
(イ)
F-3 G-0 H-7 I-5 J-0
(ウ)
K-4 L-9 M-3 N-6 O-7
Ⅲ
A 石田光成 B 徳川家康 C 清 D 元禄小判 E 享保の改革
Ⅳ
問1 大隈重信 問2 民党 問3 桂園時代 問4 天津条約 問5 北清事変
問6

漢字で書く必要がある部分だけに注目して過去問を5年分ぐらい眺めると自分が志望する大学がどのレベルまで書かせるのかがわかってきます
3割くらい記述問題があるな…
でも用語はそんなに難しくないぞ
記述問題では基本的な用語を問われることが多いですがまずは自分の志望校の過去問を1つの基準として漢字で書く練習をしてくださいね

③論述問題
設問
A　縄文土器と弥生土器は、材質や形状・色彩に加えてその使用法も異なる。両時代の特徴を考えて、当時の土器の使われ方の違いについて40字以内で説明しなさい。
B　縄文時代と弥生時代の生活様式や信仰、居住地域の違いが伝わるように、縄文時代の生活の特徴を80字以内で説明しなさい。
A
B
続いては論述問題です
論述問題には苦手意識を持っている人が多いと思います
日本史の知識がないから何も書けないんだよなー
私も…
知識が頭に入っていないから書けないという人や
出題者の意図に沿った解答を組み立てられないという人もいるでしょう
でも安心してください
これからお話しする手順で学習すれば必ず論述問題が書けるようになります!

論述問題対策法

❶ 問題を解き、答案を仕上げる

なかなか書けないかもしれませんが
自分なりに答案を仕上げてみることが大切です
とりあえず
解く…！

❷ 教科書や講義ノートを見ながら自分の書いた答案を添削する

まだ解説や模範解答例は見てはいけません
①で書いた答案を消さず青ペンなどで添削してください
え〜って
青ペン
シャーペン
パら

❸ 模範解答と自分の書いた答案を見比べて考察する

自分の答案に書かれていない要素を見つけ
なぜ模範解答では書かれているのかを考えましょう
う〜む
模範解答には
この用語があるな…

❹ 解説を読み、③で考えたことと解説が一致しているか確認する

「自分の考えた根拠」と「解説に示されている正しい根拠」との間に
違いがなければ完璧です
おお!、合ってた!

このように論述問題は1つの問題について何度も考えることで多くを学ぶことができるのです
さらに2～3日後にもう一度答案を仕上げるとますます力がつきますよ
では最後に入試本番のときのことをお話ししましょう
入試本番では自分が知らない問題が出てきてパニックになることがあるかもしれません
そのようなときはわからない問題に時間をかけず後回しにしましょう
これは後回しだ
そして最後に後回しにした問題に取り組むとき「これは必ず自分の持っている力で解ける！」と思うことが大切です

かつて早稲田大学の入試で「桂太郎内閣について間違っている選択肢を1つ選べ」という問題が出題されましたがその選択肢はすべて受験生が習わない内容でした
しかし実はその問題は受験生が習っている「桂太郎という人物の特徴」を思い出せば解ける問題だったのですつまり桂太郎の性格上絶対にやらないであろうという内容が含まれている選択肢が1つあったのです
このように一見 習っていないように見える問題でも
自分の知識を総動員して様々な方向から考えれば解ける問題が多くあります
受験会場では周りの受験生が賢そうに見えるかもしれませんが
しかしほとんどの受験生は自分と同じレベルです
ですから自分のペースを崩さずに取り組めば必ず高得点がとれますからね

第五講
日本史は将来役立つ

学問とは、
人間はいかに
生きていくべきかを
学ぶものだ
（吉田松陰）

ここまで講義を聞いてくれてありがとうございます
講義の最後に
私からみなさんにお伝えしたいことがあります
それは
日本史は必ずみなさんの将来に役立つ
ということです
現代の私たちはあたりまえのように平和な世の中で生きていますよね
でもそれは先人たちの努力の上に成り立っているものなのです

みなさんには自国の歴史を学び先人たちの功績を知ることで
この世の中で自分に何ができるだろうか
と考えるきっかけにしてほしいのです
みなさんにもきっと一人一人
得意なことがあると思います
勉強・・・
みっちーは運動以外だろ？
茶道は好き…
運動と…文章を書くことかな
うるさい！

将来はぜひ得意分野を活かして社会に貢献してください
そして辛いときや苦しいときには日本史で学んだ先人たちの「生き様」を思い出し
その教えや考えを糧にして人生の指針の1つにしてくださいね
そしてもう1つ自国の歴史を学ぶ理由をお話ししましょう
それは急速にグローバル化する社会を生きぬく力をつけるためです

みなさんの多くはこれから大学に進学すると思いますが
大学の別名をなんというか知っていますか
わからない…
オオマナブ？
ただの訓読みじゃん…
「最高学府」といい
「日本の学問の頂点」という意味です

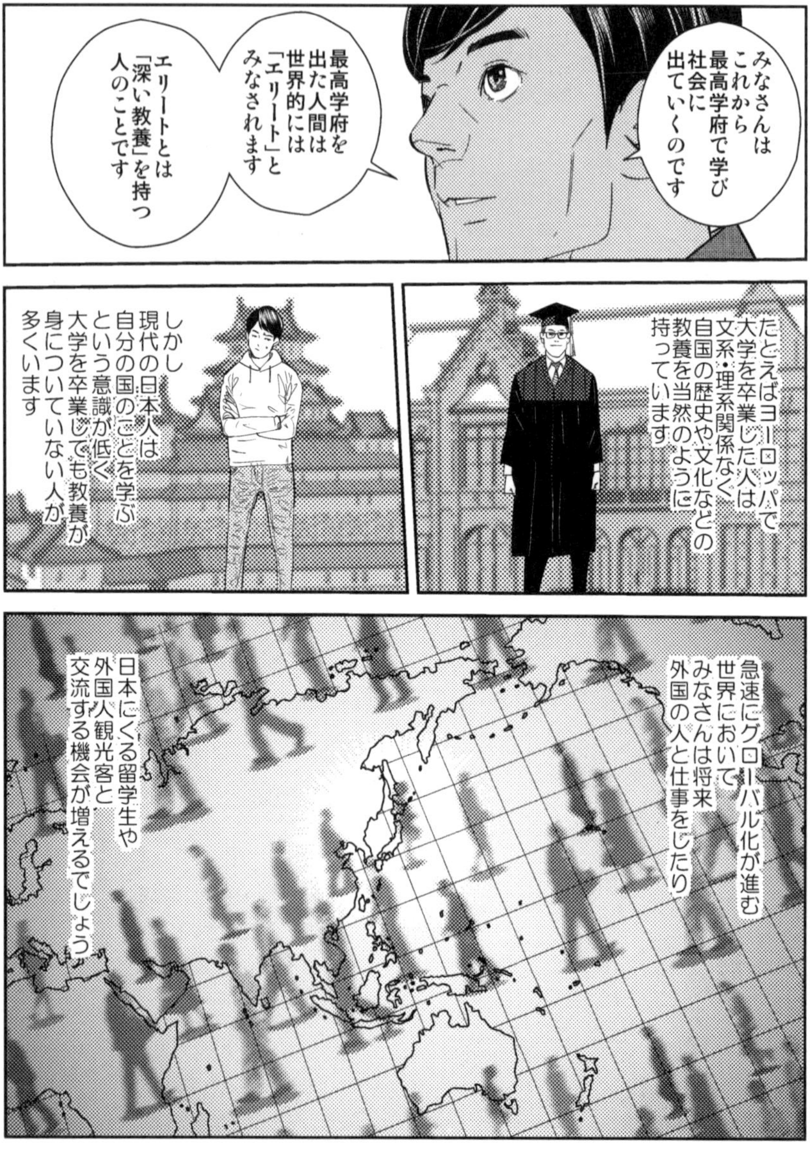
みなさんは
これから
最高学府で学び
社会に
出ていくのです
最高学府を
出た人間は
世界的には
「エリート」と
みなされます
エリートとは
「深い教養」を持つ
人のことです
たとえばヨーロッパで
大学を卒業した人は
文系・理系関係なく
自国の歴史や文化などの
教養を当然のように
持っています
しかし
現代の日本人は
自分の国のことを学ぶ
という意識が低く
大学を卒業しても教養が
身についていない人が
多くいます
急速にグローバル化が進む
世界において
みなさんは将来
外国の人と仕事をしたり
日本にくる留学生や
外国人観光客と
交流する機会が増えるでしょう

そんなとき
私たち日本人が
彼らに自国の歴史や
文化を紹介できないと
教養がないとみなされ
信頼関係を築けない
可能性があるのです
ところで
みなさんは
日本という国が
現存する
世界最古の国家だと
知っていましたか？
え・・・？
中国とかじゃ
ないんだ
たとえば
中国の歴史を見ると
様々な王朝が
入れ替わり立ち替わりして
300年以上続いた
王朝はありません
ヨーロッパで
一番歴史が古い
イギリス王室も
約900年の歴史です

しかし日本は
1500年近くにわたって
古代より存続する王朝を守り
天皇の位がずっと
受け継がれてきたのです
これは世界中どこを
探しても例のない
素晴らしいことです
日本は
日本という独自のものを
崩*1さずに歴史を
紡いできた国です
このような
日本の文化や伝統
そして歴史に
世界中の人々が
とっても興味を
持っています
たとえば
アップル社の創業者
スティーブ＝ジョブズは
若い頃から「禅*2」に
強い影響を受け
その精神が具現化
されたものが
iPhoneであると
いわれています
ジョブズは
「見えないもの」を見て
「聞こえないもの」を聞く力
があったからこそ
市場にはまだないけれど
人々が望んでいた
新しいものを創造できたのです
また
「禅」の精神を持った彼は
製品の外装だけでなく
見えない内部の部品にまで
美しさを求めたといいます

＊1 他民族に侵略にあったということがいわれる戦後の GHQ（連合国軍最高司令官総司令部）による支配を除けば崩れていない。
＊2 瞑想によって精神を一つの対象に集中し、その真の姿を悟ろうとする修行法。

このように世界中の人々が日本に注目していますが
肝心の日本人が自国に興味を持っていないという状況です
これではグローバル化する世界から取り残されてしまいます
ですからぜひみなさんには日本史を学ぶことで教養を身につけ
世界で活躍できる「人財」になっていただきたいと考えています

今日はありがとうございました
みなさんの健闘を心から祈っています

ワイ
ワイ
ワイ
ワイ
ガャ
ガヤ
ガヤ
ガャ
ぐい————ん
よーし
今日から勉強法変えっぞ！
今日は珍しく睡眠学習じゃなかったな
俺の夢には日本史が不可欠だってわかったんだよ

ハルくんの夢って何？いつも教えてくれない…
お前こそ覚えてねーのかよ…別にいーけど
え？
晴信の夢なんて興味ないから忘れちゃったんだよ——
興味あっても忘れちゃうから…
結局忘れるんだな
俺は習ったことを図書館で実践するから
じゃあまた学校で
私たちも行こーよ
待てよみっちーみんなで行こうぜ

将来の夢？

六月三日 火曜日 日直 大木
そう みんなは将来何になりたい？
将来《しょうらい》の夢《ゆめ》
ゆめ…
晴信くんは将来何になりたい？
将来《しょうらい》の夢《ゆめ》
将軍です！

ショーグンだってさー
!
何言ってんだー

カッケー
将軍の話を
読んだんだよ
みんなが
豊かに
暮らせる
ように
自分も
節約とかして
武道も
学問もできて
きっと
優しくて強い
みんなのリーダー
だったんだね
だな
じゃあ
ハルくん
絶対
なれるよ！
「将軍」に
ぴったり
だもん

おう
なーみっちー
今でいうと「将軍」って誰？
なんだいきなり

総理大臣とか
だよな
そういう志は悪くない
可能性は知らんが…
お前ってホントたまーにいいヤツ!
東進ハイスクー
総理大臣がどうしたの?ハル君
いいのいいの先行こ綾!

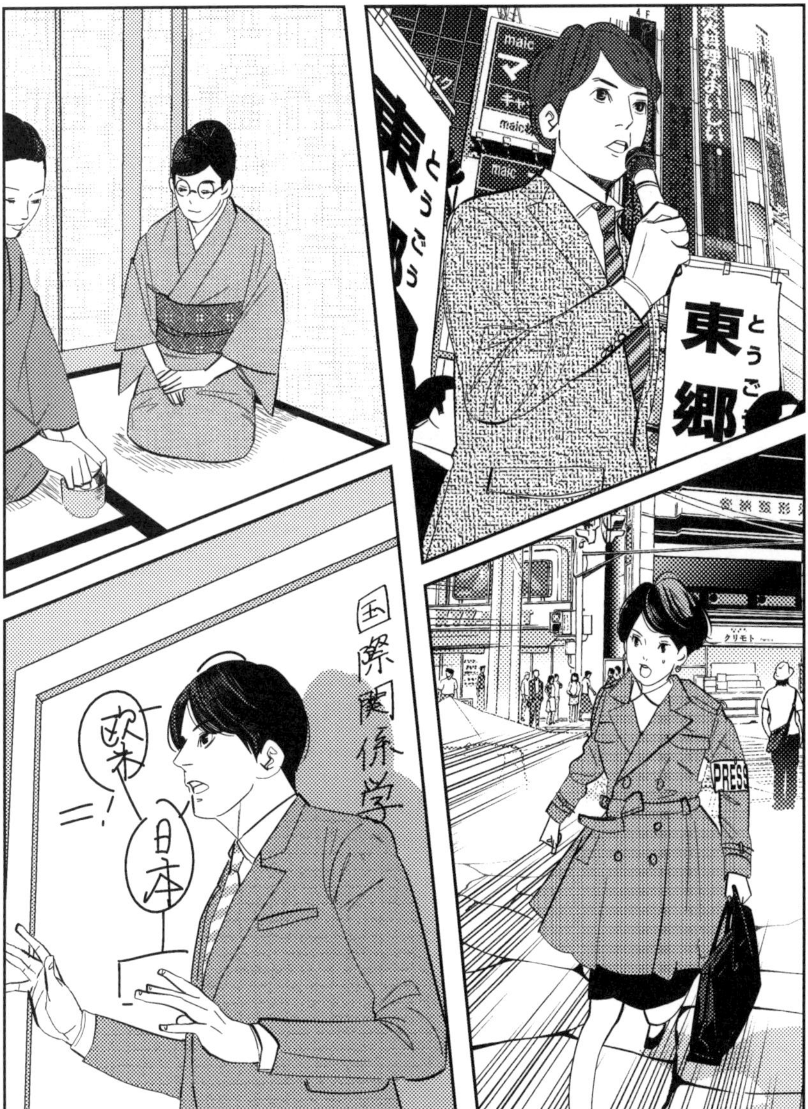
東郷
とうごう
maic
マ
キャ
東郷
とうご
PRESS
クリモト
国際関係学
欧米
日本

試験に役立つ勉強法

◎ 日本史演習 3つのステップ

STEP 1 理解 … 重要事項を理屈と共に「棚」に整理
↓
STEP 2 定着 … 自分のノートを何も見ずに"再現"できるくらいおぼえる
↓
STEP 3 演習 … 間違ってもすぐに解説を読まないこと！
「なぜ」「どうして」をしっかり自分で考えてから！

◎ 問題形式ごとの学習法

① 正誤判定問題 …「一問一答」などで用語の知識をかためる → 誤りを見抜く訓練を！
② 記述問題 …… 志望校の過去問を見て、そのレベルに合わせて書く練習を！
③ 論述問題 …… 自分の答案を自分で添削 → 模範解答との違いを考える
→ 解説を読み、自分の考えと突き合わせる

☆一見習っていなさそうな問題でも、自分の知識を総動員すれば解ける！

日本史は将来役立つ

日本の歴史（先人の生き様）を知る
→ 今自分に何ができるか？「人生の指針」となる
→ 大学（最高学府）を出た"エリート"に必須の知識
（これがないと外国人に「教養がない」と思われる…）
↓
グローバル化する社会・世界で活躍するための大切な教養！

もしも
離れてしまっても
この声が君に届くように
僕は語り続けよう

※この作品は，東進ハイスクールで行われた金谷俊一郎先生の公開授業をもとに，内容を再構成して漫画化したものです。登場する生徒はフィクションで，実在する人物とは一切関係ありません。

[大学受験] **TOSHIN** COMICS

日本史の勉強法をはじめからていねいに

発行日：2016年6月29日　初 版 発 行
　　　　2024年4月30日　第11版発行

責任監修：**金谷俊一郎**
発行者：**永瀬昭幸**

発行所：株式会社ナガセ
〒180-0003 東京都武蔵野市吉祥寺南町 1-29-2
出版事業部（東進ブックス）
TEL：0422-70-7456 ／ FAX：0422-70-7457
URL：http://www.toshin.com/books（東進WEB書店）
※本書を含む東進ブックスの最新情報は東進WEB書店をご覧ください。
編集担当：八重樫清隆

漫画：岡本圭一郎
編集制作：大木誓子
カバーデザイン：LIGHTNING
印刷・製本：中央精版印刷株式会社

ISBN978-4-89085-673-2　C7037

合格の秘訣1 全国屈指の実力講師陣

東進の実力講師陣 数多くのベストセラー参考書を執筆!!

東進ハイスクール・東進衛星予備校では、そうそうたる講師陣が君を熱く指導する!

本気で実力をつけたいと思うなら、やはり根本から理解させてくれる一流講師の授業を受けることが大切です。東進の講師は、日本全国から選りすぐられた大学受験のプロフェッショナル。何万人もの受験生を志望校合格へ導いてきたエキスパート達です。

英語

「スーパー速読法」で難解な長文問題の速読即解を可能にする「予備校界の達人」!

渡辺 勝彦 先生
［英語］

予備校界のカリスマ。抱腹絶倒の名講義を見逃すな。

今井 宏 先生
［英語］

日本を代表する英語の伝道師。ベストセラーも多数。

安河内 哲也 先生
［英語］

累計20万人以上の受験生が絶賛した超ビッグネーム。

西 きょうじ 先生
［英語］

情熱あふれる授業で、知らず知らずのうちに英語が得意教科に!

大岩 秀樹 先生
［英語］

雑誌『TIME』やベストセラーの翻訳も手掛け、英語界でその名を馳せる実力講師。

宮崎 尊 先生
［英語］

数学

予備校界を代表する講師による魔法のような感動講義を東進で!

河合 正人 先生
［数学］

「ワカル」を「デキル」に変える新しい数学は、君の思考力を刺激し、数学のイメージを覆す!

松田 聡平 先生
［数学］

数学を本質から理解できる本格派講義の完成度は群を抜く。

志田 晶 先生
［数学］

国語

超大物講師のドラマチックで熱い名講義を体験せよ。

吉野 敬介 先生
［古文］

ミスター驚異の現代文。数々のベストセラー著者としても超有名!

出口 汪 先生
［現代文］客員講師

「わかる」国語は君のやる気を生み出す特効薬。

板野 博行 先生
［現代文・古文］

小論文指導の第一人者。著書『頭がいい人、悪い人の話し方』は250万部突破!

樋口 裕一 先生
［小論文］

縦横無尽な知識に裏打ちされた立体的な授業に、グングン引き込まれる!

三羽 邦美 先生
［古文・漢文］

ビジュアル解説で古文を簡単明快に解き明かす実力講師。

富井 健二 先生
［古文］

理科

全国の受験生が絶賛するその授業は、わかりやすさそのもの!

田部 眞哉 先生
［生物］

原子レベルで起こっている化学現象を、一緒に体感しよう!

岸 良祐 先生
［化学］

丁寧で色彩豊かな板書と詳しい講義で生徒を惹きつける。

宮内 舞子 先生
［物理］

地歴公民

"受験世界史に荒巻あり"といわれる超実力人気講師。

荒巻 豊志 先生
［世界史］

つねに生徒と同じ目線に立って、入試問題に対する的確な思考法を教えてくれる。

井之上 勇 先生
［日本史］

入試頻出事項に的を絞った「表解板書」は圧倒的な信頼を得る。

金谷 俊一郎 先生
［日本史］

著書の「ハンドブック」は政経受験者の8割が愛用!

清水 雅博 先生
［公民］

わかりやすい図解と統計の説明に定評。

山岡 信幸 先生
［地理］

世界史を「暗記」科目だなんて言わせない。正しく理解すれば必ず伸びることを一緒に体感しよう。

加藤 和樹 先生
［世界史］

WEBで体験

東進ドットコムで授業を体験できます!
実力講師陣の詳しい紹介や、各教科の学習アドバイスも読めます。
www.toshin.com/teacher/

合格の秘訣2 革新的な学習システム

東進には、第一志望合格に必要なすべての要素を満たし、抜群の合格実績を生み出す学習システムがあります。

映像による授業を駆使した最先端の勉強法

高速学習

一人ひとりのレベル・目標にぴったりの授業

東進はすべての授業を映像化しています。その数およそ1万種類。これらの授業を個別に受講できるので、一人ひとりのレベル・目標に合った学習が可能です。1.5倍速受講ができるほか自宅のパソコンからも受講できるので、今までにない効率的な学習が実現します。

1年分の授業を最短2週間から1カ月で受講

従来の予備校は、毎週1回の授業。一方、東進の高速学習なら毎日受講することができます。だから、1年分の授業も最短2週間から1カ月程度で修了可能。先取り学習や苦手科目の克服、勉強と部活との両立も実現できます。

現役合格者の声

東京大学 文科一類
沢田 純一くん
千葉県 私立
渋谷教育学園幕張高校卒

高1の夏に東進に入学しました。東進のシステムは僕の勉強方法とよくマッチしていました。トップレベルの講師の授業を自分のペースに合わせて受講し、理解できないところは再受講するなど映像の授業を最大限活用しました。

先取りカリキュラム（数学の例）

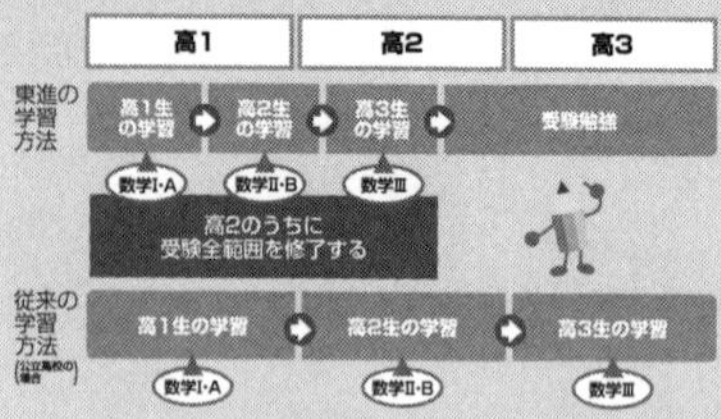

高1
高2
高3
東進の学習方法
高1生の学習
高2生の学習
高3生の学習
受験勉強
数学Ⅰ·A
数学Ⅱ·B
数学Ⅲ
高2のうちに受験全範囲を修了する
従来の学習方法
(公立高校の場合)
高1生の学習
高2生の学習
高3生の学習
数学Ⅰ·A
数学Ⅱ·B
数学Ⅲ

目標まで一歩ずつ確実に

スモールステップ・パーフェクトマスター

自分にぴったりのレベルから学べる習ったことを確実に身につける

高校入門から超東大までの12段階から自分に合ったレベルを選ぶことが可能です。「簡単すぎる」「難しすぎる」といったことがなく、志望校へ最短距離で進みます。

授業後すぐに確認テストを行い内容が身についたかを確認し、合格したら次の授業に進むので、わからない部分を残すことはありません。短期集中で徹底理解をくり返し、学力を高めます。

現役合格者の声

早稲田大学 創造理工学部
大川 彩音さん
徳島県立
富岡東高校卒

東進の講座の授業後には毎回「確認テスト」があります。確認テストに合格できないと次に進めないので、一回ごとの講義の内容がきちんと修得できているかチェックできるのでおススメです。

パーフェクトマスターのしくみ

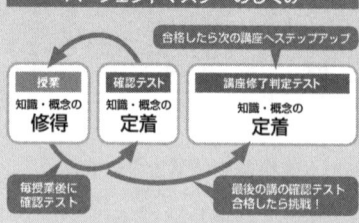

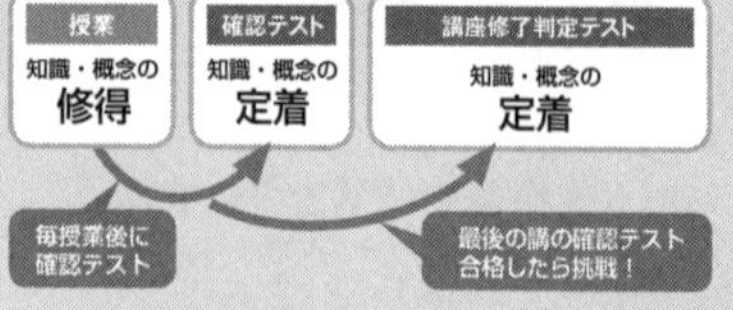

合格したら次の講座へステップアップ
授業
知識・概念の
修得
確認テスト
知識・概念の
定着
講座修了判定テスト
知識・概念の
定着
毎授業後に
確認テスト
最後の講の確認テスト
合格したら挑戦！

徹底的に学力の土台を固める

高速マスター基礎力養成講座

高速マスター基礎力養成講座は「知識」と「トレーニング」の両面から、効率的に短期間で基礎学力を徹底的に身につけるための講座です。文法事項や重要事項を単元別・分野別にひとつずつ完成させていくことができます。インターネットを介してオンラインで利用できるため、校舎だけでなく、自宅のパソコンやスマートフォンアプリで学習することも可能です。

「新・英単語センター1800」
2019年センター試験カバー率99.5%

現役合格者の声

慶應義塾大学 法学部
増田 椋介くん
東京都 私立 攻玉社高校卒

スキマ時間に「高速マスター基礎力養成講座」を活用し、ゲーム感覚で進めていくうちに、英単語や英熟語など基礎を固めることができました。復習として何度も反復することで、知識を完璧なものにできるよう取り組みました。

東進公式スマートフォンアプリ

東進式マスター登場！

スマートフォンアプリですき間時間も徹底活用！

（英単語／英熟語／英文法／基本例文）

1）スモールステップ・パーフェクトマスター！

頻出度（重要度）の高い英単語から始め、1つのSTEP（計100語）を完全修得すると次のSTAGEに進めるようになります。

2）自分の英単語力が一目でわかる！

トップ画面に「修得語数・修得率」をメーター表示。自分が今何語修得しているのか、どこを優先的に学習すべきなのか一目でわかります。

3）「覚えていない単語」だけを集中攻略できる！

未修得の単語、または「My単語（自分でチェック登録した単語）」だけをテストする出題設定が可能です。すでに覚えている単語を何度も学習するような無駄を省き、効率良く単語力を高めることができます。

君を熱誠指導でリードする

担任指導

志望校合格のために君の力を最大限に引き出す

東進では、担任による合格指導面談で、最適な学習方法をともに考えます。更に担任助手が中心となるグループ・ミーティングでは、日々の学習状況の確認をしていきます。グループ制は、同じ目標を持つ仲間と高め合います。担任助手の多くは東進で志望校合格を果たした大学生の先輩です。「熱誠指導」で、生徒一人ひとりのモチベーションを高め維持するとともに、志望校合格までリードする存在、それが東進の「担任」です。

現役合格者の声

明治大学 国際日本学部
玉川 はるのさん
新潟県立 新潟南高校卒

東進の担任、担任助手の先生方はその時にあったアドバイスをしてくれたので、いつも目標を明確にして勉強することができました。面談では学習の進捗状況の確認や、励ましてもらえて前向きに頑張れました。

個別説明会

全国の東進ハイスクール・東進衛星予備校の各校舎にて実施しています。

※お問い合わせ先は、付録9ページをご覧ください。

合格の秘訣3 東進ドットコム

ここでしか見られない受験と教育の情報が満載！

大学受験のポータルサイト

www.toshin.com

東進 検索

東進公式 LINE　東進公式 Twitter　東進公式 Facebook

スマートフォン版も充実！

東進ブックスのインターネット書店
東進WEB書店

ベストセラー参考書から
夢ふくらむ人生の参考書まで

学習参考書から語学・一般書までベストセラー&ロングセラーの書籍情報がもりだくさん！あなたの「学び」をバックアップするインターネット書店です。検索機能もグンと充実。さらに、一部書籍では立ち読みも可能。探し求める1冊に、きっと出会えます。

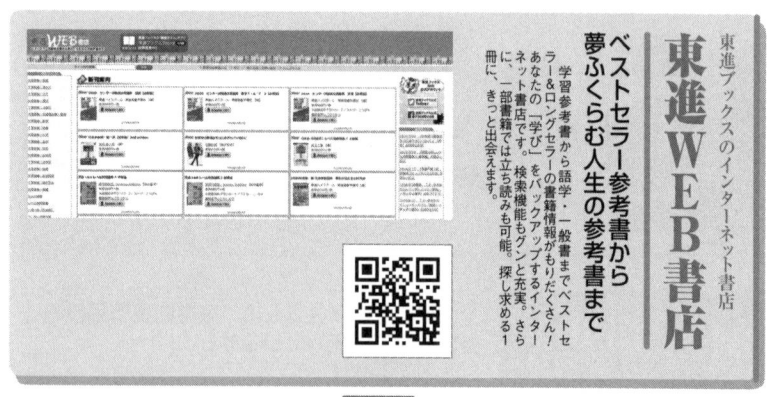

最新の入試に対応!!

大学案内

偏差値でも検索できる。検索機能充実！

東進ドットコムの「大学案内」では最新の入試に対応した情報を様々な角度から検索できます。学生の声、入試問題分析、大学校歌など、他では見られない情報が満載！登録は無料です。

また、東進ブックスの『㊊大学受験案内』では、厳選した185大学を詳しく解説。大学案内とあわせて活用してください。

大学入試偏差値ランキング

185大学・最大20年分超の過去問を無料で閲覧

大学入試過去問データベース

君が目指す大学の過去問をすばやく検索、じっくり研究！

東進ドットコムの「大学入試問題 過去問データベース」は、志望校の過去問をすばやく検索し、じっくり研究することが可能。185大学の過去問を閲覧・保存することができます。センター試験の過去問も最大20年分超掲載しています。登録・利用は無料です。志望校対策の「最強の教材」である過去問をフル活用することができます。

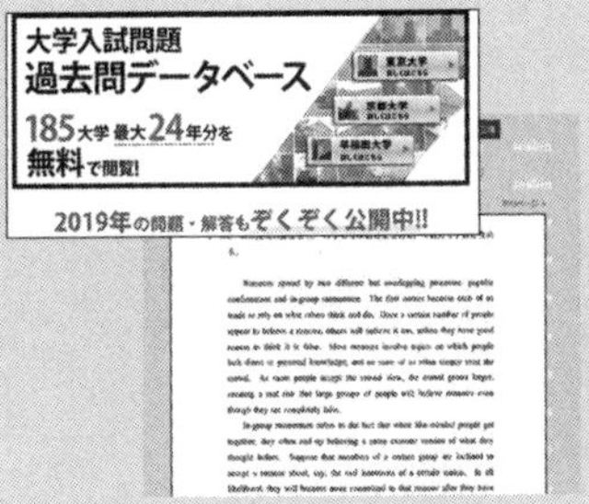

皆さんの疑問にお答えします！

今週のQ&A

東進ドットコムに寄せられた多くの疑問に回答！

大学受験や塾・予備校に関する疑問は高校生なら誰でもあるはずです。東進ドットコムに寄せられた多くの疑問に対して、毎週お答えしています。受験に関すること以外にも役立つ情報をお届けしています。

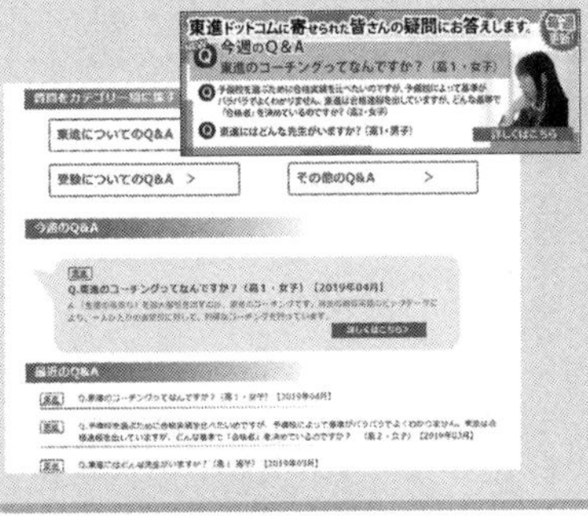

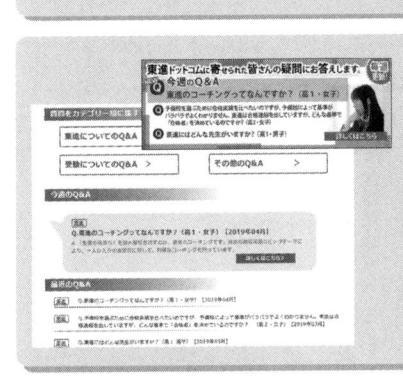

スマートフォンからもご覧いただけます	東進ドットコムはスマートフォンから簡単アクセス！

合格実績は、生徒の努力と東進の指導力の証です！

日本一※の東大現役合格実績

現役のみ！講習生含まず！

※2018年東大現役合格実績をホームページ・パンフレット・チラシ等で公表している予備校の中で最大。東進調べ。

史上最高!!

東大現役合格者 801名

文一	151名
文二	105名
文三	95名
理一	275名
理二	116名
理三	46名
推薦	13名

東進生
現役占有率
801
2,072
38.6%

今年の東大合格者は現浪合わせて3,084名。そのうち、現役合格者は2,072名。東進の現役合格者は801名ですので、東大現役合格者における東進生の占有率は38.6%となります。現役合格者の2.59人に1人が東進生です。合格者の皆さん、おめでとうございます。

現役合格 旧七帝大+2 3,331名

東進史上最高 昨対+65名

東京大	801名	東北大	274名	九州大	378名
京都大	380名	名古屋大	318名	東京工業大	160名
北海道大	323名	大阪大	524名	一橋大	173名

現役合格 早慶 4,531名

早稲田大	2,798名	慶應義塾大	1,733名

現役合格 上理明青立法中 14,815名

上智大	931名	青山学院大	1,532名	法政大	2,758名
東京理科大	1,902名	立教大	1,844名	中央大	2,287名
明治大	3,561名				

現役合格 関関同立 9,969名

関西学院大	1,718名	同志社大	2,269名	立命館大	3,593名
関西大	2,389名				

現役合格 日東駒専 6,780名

日本大	2,997名	駒澤大	812名	専修大	753名
東洋大	2,218名				

現役合格 産近甲龍 4,300名

京都産業大	532名	甲南大	530名	龍谷大	853名
近畿大	2,385名				

現役合格 医学部医学科 1,290名

東進史上最高 昨対+85名

国公立 754名

東京大	47名	横浜市立大	12名	鳥取大	10名
京都大	15名	新潟大	12名	島根大	8名
北海道大	18名	富山大	11名	岡山大	19名
東北大	27名	金沢大	18名	広島大	13名
名古屋大	16名	福井大	9名	山口大	16名
大阪大	19名	山梨大	12名	徳島大	20名
九州大	17名	信州大	6名	香川大	10名
旭川医科大	11名	岐阜大	23名	愛媛大	23名
札幌医科大	28名	浜松医科大	14名	高知大	6名
弘前大	16名	名古屋市立大	8名	佐賀大	22名
秋田大	6名	三重大	26名	長崎大	8名
山形大	14名	滋賀医科大	7名	熊本大	12名
福島県立医科大	12名	京都府立医科大	9名	大分大	16名
筑波大	25名	大阪市立大	10名	宮崎大	12名
群馬大	9名	神戸大	15名	鹿児島大	15名
千葉大	20名	奈良県立医科大	10名	琉球大	8名
東京医科歯科大	29名	和歌山県立医科大	5名		

私立 536名

順天堂大	52名	帝京大	16名	東海大	7名
慶應義塾大	45名	愛知医科大	14名	福岡大	7名
東京慈恵会医科大	35名	東京医科大	14名	聖マリアンナ医科大	6名
国際医療福祉大	32名	東京女子医科大	14名	川崎医科大	5名
昭和大	32名	兵庫医科大	13名	金沢医科大	4名
日本医科大	28名	大阪医科大	12名	東北医科薬科大	4名
東邦大	21名	杏林大	11名	獨協医科大	4名
藤田医科大	19名	日本大	11名	埼玉医科大	3名
自治医科大	18名	久留米大	9名	岩手医科大	2名
北里大	18名	近畿大	9名	防衛医科大学校	46名
関西医科大	16名	産業医科大	9名		

現役合格 国公立大 14,978名

東進史上最高 昨対+258名

全国47国立大 9,451名

北海道大	323名	金沢大	213名	岡山大	313名
弘前大	138名	福井大	90名	広島大	337名
岩手大	56名	山梨大	61名	山口大	214名
東北大	274名	信州大	184名	徳島大	158名
秋田大	44名	岐阜大	147名	香川大	108名
山形大	105名	静岡大	215名	愛媛大	214名
福島大	69名	名古屋大	318名	高知大	69名
筑波大	312名	三重大	214名	九州大	378名
宇都宮大	66名	滋賀大	77名	佐賀大	112名
群馬大	78名	京都大	380名	長崎大	166名
埼玉大	179名	大阪大	524名	熊本大	237名
千葉大	343名	神戸大	515名	大分大	79名
東京大	801名	奈良教育大	22名	宮崎大	69名
横浜国立大	341名	和歌山大	84名	鹿児島大	150名
新潟大	230名	鳥取大	94名	琉球大	97名
富山大	173名	島根大	80名		

上記以外の大学

旭川医科大	23名	東京藝術大	20名	大阪教育大	123名
小樽商科大	69名	東京工業大	160名	大阪市立大	271名
帯広畜産大	24名	東京農工大	118名	大阪府立大	239名
北見工業大	29名	一橋大	173名	兵庫教育大	32名
北海道教育大	89名	首都大学東京	231名	神戸市外国語大	57名
室蘭工業大	42名	横浜市立大	159名	兵庫県立大	239名
札幌医科大	54名	上越教育大	20名	奈良女子大	51名
岩手県立大	7名	福井県立大	36名	奈良県立医科大	26名
宮城大	28名	都留文科大	82名	和歌山県立医科大	13名
宮城教育大	19名	浜松医科大	19名	岡山県立大	38名
国際教養大	39名	静岡県立大	71名	県立広島大	74名
会津大	19名	愛知教育大	99名	広島市立大	32名
福島県立医科大	21名	名古屋工業大	127名	下関市立大	49名
茨城大	186名	愛知県立大	67名	鳴門教育大	10名
高崎経済大	96名	名古屋市立大	128名	九州工業大	109名
埼玉県立大	38名	滋賀医科大	18名	福岡教育大	82名
お茶の水女子大	50名	滋賀県立大	52名	北九州市立大	138名
電気通信大	81名	京都工芸繊維大	59名	福岡女子大	31名
東京医科歯科大	50名	京都教育大	22名	長崎県立大	37名
東京外国語大	122名	京都府立大	49名	熊本県立大	38名
東京海洋大	54名	京都府立医科大	14名	その他国公立大学	842名
東京学芸大	132名				

※東進調べ

ウェブサイトでもっと詳しく 東進 検索

2019年3月31日締切

各大学の合格実績は、東進ネットワーク（東進ハイスクール、東進衛星予備校、早稲田塾）の現役生のみ、高3時在籍者のみの合同実績です。

※2019年3月現在

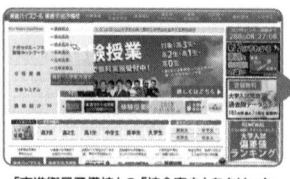

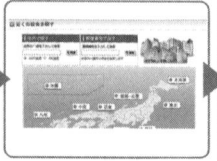